# 読みたいことを、書けばいい。
## 人生が変わるシンプルな文章術

田中泰延

ダイヤモンド社

# はじめに　自分のために書くということ

## あなたはゴリラですか

自分ひとりのために、料理を作って食べたことがあるだろうか。

ここで、「ないです」と言われたら、この本は出だしで転んでしまう。そういう人は寝転がって読んでいただければ幸いである。いずれにせよ購入することが大切だ。

三十年以上も前の話だ。ある雑誌で「あなたの職業適性診断ＹＥ

S・NOチャート」というものがあった。まだ中学生だったわたしは、「自分はどんな仕事に向いているのかな?」というピュアな気持ちで、職業適性を診断したくなった。さっそく始めてみた。

**【第一問:あなたはゴリラか? YES・NO】**

……なにを考えているのだろうか。ここでとりあえず【YES】を選んで矢印を辿ったわたしは、衝撃的な文言を目にすることになった。

**【あなたはゴリラだ。まず人間になることを考えよう】**

いったい、この人はどういうつもりでこの選択肢を作ったのだろう。

職業適性診断にこの質問は必要だろうか。この雑誌を作った編集部の指示だろうか。いや、この診断を始めてしまった相手がゴリラだということも考えられ、その場合を考慮した親切心だろうか。

## 書きたい破壊力

ひとつ言えることとは、これを書いた人は「**書きたくて書いた**」ということである。だれかの命令ではない。他人の要望に応えるためのものではない。どう考えてもこの人は「**自分が読みたかった**」からこれを書いたのである。書いた自分が楽しかったのである。

かなりしょうもないが、三十数年を経て、わたしが生まれて初めての本を書こうというときに、最初にもってくるぐらい、忘れられないのだ。いま、50歳になったわたしは、これを書いた人に会いたい。そしてハリセンで頭をはたきたい。

そう、自分が読みたいことを書くということは、これぐらいの破壊力がある。これを読んで以来わたしは、**「自分が読みたいことを書けば、自分が楽しい」**という原理に気がついた。

## あなたは幸せですか

本書は、世間によくある「文章テクニック本」ではない。わたしは、まがりなりにも文章を書いて、お金をもらい、生活している。だが、そこに**「テクニック」は必要ない**のだ。

あなたはテクニックを学んで、テクニックの習得が謳《うた》う効果・効能・利益・収入を手にしたことがあるだろうか。わたしは、わずか100冊程度だがダイエット本を読んで確信した。テクニックは、役に立たない。全く痩せる気配がない。

「問題解決」のための文章や「目的達成」のための文章は、たしかにある。それは試験の小論文に合格するためだったり、会社の仕事で取引先にものを買わせるためのものだったりする。そこにはテクニックが役に立つこともあるだろう。

しかし、小論文に合格したり、上期の予算を達成したからといって、あなたはいま、めちゃくちゃ幸せになっているだろうか。めちゃくちゃ幸せですよ、と言う人は、この本を最後まで読んでめちゃくちゃ反論してほしい。いずれにせよ購入することが大切だ。

本書では、「自分が読みたいものを書く」ことで「自分が楽しくなる」ということを伝えたい。いや、伝わらなくてもいい。すでにそれを書いて読む自分が楽しいのだから。

自分がおもしろくもない文章を、他人が読んでおもしろいわけがない。だから、自分が読みたいものを書く。

それが**「読者としての文章術」**だ。

自分ひとりのために、料理を作ったことはあると思う。ほかに食べてくれる人がいなくても、それなりに工夫をするし、おいしかったら、うれしいものだ。そのおいしかった作り方を、たまたまだれかに話したことで、結婚につながったり、料理店を開くことだってある。

「自分が楽しくなる」というのは、単に気の持ちようが変わる、気に食わない現実をごまかす、ということではない。書くことで実際に「現実が変わる」のだ。そんな話を始めたい。

読みたいことを、書けばいい。
人生が変わるシンプルな文章術

目次

第1章

# なにを書くのか

ブログやSNSで書いているあなたへ

第2章

# だれに書くのか

「読者を想定」しているあなたへ

# 第3章 どう書くのか

## 「つまらない人間」のあなたへ

## 第4章 なぜ書くのか
### 生き方を変えたいあなたへ

# 序章

## 書いたのに読んでもらえないあなたへ

# なんのために書いたか

## 文字が少ない本です

この本の表紙には「文章術」と明記してある。しかし、書くためのテクニックを教えようというものではない。そうではなく、書くための考え方を示す本である。

文字が多い本は、それだけで読みたくなくなることはよく知られている。**大切なことは文字が少ないこと**である。本書は、できるだけ文字を少なくし、無駄な記述を徹底的に排除したつくりになっている。この大切なことを、わたしは近所のコンビニに出かけた際に財布を忘れて取りに帰る途中で、スマホに「無駄な記述を少なくすることが大切」とメモしておいた。

財布は玄関の下駄箱の上にあった。よかった。財布は1年前に買った新品で、ファスナーで閉じる細長タイプのものだ。いずれにせよ無駄な記述が多い本と文字が多い本は読みたくないと思われてしまう。

『文章力向上72のステップ』などという本を見ると、気が遠くなる。だいたい、いつまでステップしているのか。いい加減にホップをするなり、ジャンプをしてはどうか。

『文章を書くための100の法則』などという本まである。そんなに法則を覚えられる記憶力があるなら、司法試験を受けて弁護士にでもなるほうがよっぽどいいと思うのだが、あなた、どう思いますか。

## 「文章術」は有名人が書くもの

また、世に出回る文章術の本には**「おまえがまず文章を習え」**と言いたくなるような読みにくい本がある。ものすごく太った人が出すダイエット本のような、有無を言わせぬ迫力がある。

そもそも文章読本というのは、文章を書くことによって功なり名遂げた人が著すものだ。有名なところでは谷崎潤一郎『文章読本』、三島由紀夫『文章読本』、丸谷才一『文章読本』などがある。これらに共通する点は、第一に、名だたる文豪が書いたものであるという点だ。第二に、題名が同じなので買うときに紛らわしい点だ。

しかし、わたしは有名小説家でも人気コラムニストでもない。本を書く人としては、だれにも知られていない。**そもそも、この本自体が初めての著書**である。では、偉そうに「文章の書き方をお教えしましょう」と宣《のたま》うわたしはだれなのだろう。だれですか。

訊かれたので簡単に自己紹介しておこう。わたしは、田中泰延という。ちょっと名前が読みにくいので、いろんなところで顔写真と共に「田中泰延です。ひろのぶと読んでください」と表記するのだが、それを見た知らない人から電車や道端で急に「ひろのぶ、ひろのぶ」と呼びかけられることが多くなった。「ひろのぶと読んでください」とは書いたが「ひろのぶと呼んでください」とは書いていない。気安く人の名前を呼ばないでいただきたい。

そんなわたしは、1969年に大阪府に生まれた。わたしの責任ではない。その後、早稲田大学に進学、広告会社である株式会社 電通で24年間コピーライターとして勤務した。そのほかには公安委員会より自動車や原動機付自転車の運転が特別に許可される第一種運転免許を交付された有資格者でもある。

要するに自動車免許しかもっていないただのサラリーマンだった。毎月、給与が振り込まれているのを確認して「**サラリーマンに生まれてよかった**」と心から思っていた24年間だった。だのに、2016年、会社を辞めて、無職となってしまった。

## 長い長い文章を書くきっかけ

きっかけは2015年、電通在職中に依頼されて『街角のクリエイティブ』というwebサイトに映画評論を書いたことだった。このサイトを主宰する西島知宏さんという人物が、ツイッターでたまにわたしが観た映画の感想を短く述べていたことに注目していたのだ。2年間、**『田中泰延のエンタメ新党』**というコーナーで20本ほどの映画の評論を書いた。ちなみに、『エンタメ新党』というタイトルは西島さんがつけた。いまでも意味がわからない。自分の姓名が入っているのは、書いた記事をネット上で検索しやすくするためだ。すると、これが累計200万ページビューを超えるほど読まれるようになった。

べつに「たくさんの人に読んでもらおう」と思って書いたわけではない。また、この記事は、会社勤めをしながら書いていたものであって、原稿料といっても、1原稿につき1回飲みに行ったら終わるような金額である。ページビューに応じて歩合が支払われるような性質のものでもなかった。

この映画評は「とにかく長い」というのが特徴で、平均して7000字から8000字、長いものでは**1万数千字**となることが多くなった。それはある映画を観て、「このシーンはどこかで観たことあるな。他の映画からの引用ではないか」「なぜ自分はこんなに泣いてしまったのだろう。そういえばあの音楽を聴いて感動した体験に似ているぞ」などと考えていくと、**その理由を自分が読みたくてしょう**

**がなくなり**、面倒くさいけれども書いてみよう、という気持ちが止まらなくなったのだ。

だれかのために書くわけではない。「**自分のために書く**」という方針を定めたわけだが、とっかかりとしては「書いてみてください」という依頼主がいて、書いたらすぐに掲載される場があるという流れがあった。しばらく続けていると、全く予想もしていなかったことだが、ツイッターなどで反響が多く寄せられるようになった。また、映画評を目にとめたいくつかの媒体から寄稿の依頼が舞い込むようになり、それらについても次々と書くことになった。

そうしているうちに、自分が広告会社に所属して、どこかのだれかが作った商品の良さについて文章を書き、それで給料をもらう、というのがだんだん苦手になってきた。

しかしさきほど述べたように、自分が読みたいものを書いて生活費が手に入るわけではない。なので、「もう電通のコピーライターは辞職して、今日からおれはフリーライターだ。お仕事ください」と独立したわけでもなんでもない。

ただ、自分の中で、**やれといわれてもしたくないことと、やるなといわれてもしたいことがはっきりした**から、生き方を変えただけなのだ。

そうして無職となったわたしは**「青年失業家」**を名乗った。名乗った時点で46歳、どこが青年だという厳しい批判にもさらされたが、3歳年下のサイバーエージェントの藤田晋社長が「青年実業家」と紹介されているテレビを見て、3歳なら誤差の範囲内だろう、と自分も名乗ったのだ。クレームは藤田氏とテレビ局に届けてもらいたい。

## おかしな人からメールが届く

退職して、さまざまなｗｅｂサイトに寄稿していると、いくつかの大手出版社から「あなたの本を出したい」というオファーをいただいた。各社の企画書には、

**『電通なんて辞めちまえ！俺のツイッター活用術　田中泰延』**
**『大企業などクソ食らえ！SNSでメシを食う方法　田中泰延』**
**『バズる！儲かる！WEBライティング　田中泰延』**

などと、思ってもみなかった仮題が並んでおり、すべて丁重にご辞退させていただいた。ああ、世の中はそういう本を求めているのだなぁと暗澹《あんたん》たる気持ちになった。

が、この本の奥付を見てもらいたい。ある日、ダイヤモンド社の今野良介さんという人から異常な熱量のメールが届いたのだ。読む必要はないが、その空気を感じていただくために、最初に届いたメールを全文転載する。

田中泰延 様

はじめまして。ダイヤモンド社という出版社で
ビジネス書を作っている、
今野良介（こんのりょうすけ）と申します。
ぜひ田中さんと一緒に本が作りたくてご連絡しました。
「信じられる人のことば」というテーマの書籍企画について、
下記の趣旨に少しでも興味を持ってくださいましたら、
一度直接お会いして、ご相談させていただけないでしょうか。
私が、この本を通して実現したいことは、
「正直な書き手が増える」ことです。
主にｗｅｂ上で、正直な言葉が交わされる人間関係や、
そこから生まれるコンテンツを少しでも増やしたいと願っています。
私は、「文章表現」をテーマにした書籍作りを
編集者としてのライフワークにすると決めているのですが、

「文章が伝わらない」と悩む人は、今、とても多いです。
その大きな原因の1つは、「書き手が嘘をついていること」にあるのではないかと、最近感じ始めています。
私が考える「嘘」とは、あからさまに悪意のあるものだけでなく、
「本当に思っていないことを書く」
「他人から借りてきた言葉をそのまま使う」
「その対象に愛がないのに紹介する」などを含みます。
もちろん、嘘をつかなければならない場面はあります。
嘘をつける関係は、豊かだと思うこともあります。
でも、小さな嘘を積み重ねているうちに、
自分の嘘に無自覚になってしまうと、
相手と心が通じ合わなくなるのではないかと思うのです。
そこでまず、「文章における嘘」とは何かを、
そのデメリットとともに田中さんに言語化していただくことから、
本の構成を考えたいと妄想しています。

この本を読むと、

相手が嘘をついているかどうか（≒信用できる人かどうか）わかる。
そして、自分自身が、正直に語る言葉の使い方を身につけることで、
「伝わる文章」を書けるようになる。
そういう本を、私と一緒に作っていただけないでしょうか。
すみません、長くなりますが、
なぜ、それを田中さんに書いていただきたいのか、
という話をします。
私は、田中さんの大量のツイート、
特に、フォロワーの方々とのやりとりを見ていると、
嘘をついている人や、他人を傷つけることに無頓着な人を、
瞬時に見極めてリプライされているように見えます。
あれだけ大量にリプライしながらも、他人の悪意や嘘に、
とても敏感かつ非常に的確に反応されていると感じます。
そして、単純に田中さんの文章が好きです。

特に、ベートーヴェン『第九』の評論や
『セッション』などの映画評は、
「その作品は客観的にどのような意義があるか」だけでなく、
「自分が何を感じたか。どこを愛したか」に
重点を置いて書かれているので、
拝読していてとても気持ちが良く、スッと心に届くのです。
田中さんならば、
嘘をついてしまう構造や、嘘のデメリット、
正直に語る意味と方法を明らかにしていただける、
と思い、ご依頼差し上げる次第です。
長々と書き連ねましたが、ここまで読んでくださっていたら、
ご検討くださいますと幸いです。
どうか、よろしくお願いいたします。

今野良介

あまりにも熱を帯びた手紙というのは、読むのが怖くてしばらく放置してしまう。小説家の「燃え殻」さんという人がある日、深夜に突然『ボクたちはみんな大人になれなかった』という処女作の第一稿全文を送ってきて、「こんなの書いてしまったんですけど、自分ではわけがわかりません。田中さん読んで、ダメならダメって言ってくれませんか」と書いてきたときの恐怖を思い出した。

今野さんの提案は『電通なんて辞めちまえ！俺のツイッター活用術田中泰延』よりはだいぶましなようだ。だが、わけがわからない。次に来たメールは「少しでも、1つでも書いてもいいかもと、書いてやってもええんやでと、書かんとわからんのやなおのれはと思っていただけたら、次のステップにつなげるなにかについてコメント頂戴できますか」という文句から始まり、60行あった。そのメールの一部はこんなものだった。

・人生を経るごとに、「思い出」はどう変化するか？　ウィスキーがだんだんうまくなるように、思い出の味わい方も変化するのか？
・読み手が感心する「意見」とはなにか？
・深く考えるときに、全然別のことを吐き出すとヒントが生まれるのはなぜだと思うか？
・「自分が読みたいことを書く」の具体的な過程を聞きたい

最終的に、最後の1行がこの本につながったのだが、この時点では、やっぱりわけがわからない。そこで知人に相談した。同じダイヤモンド社から『嫌われる勇気』という本を出版している古賀史健さんと、コピーライター・「ほぼ日刊イトイ新聞」主宰の糸井重里さんだ。

結果として、二人に反対されることもなく、わたしはいやいやながら引き受けたが、それから半年もあれこれ理由をつけて引き延ばした。しかしその間にも今野さんは何万字ものメールを送ってきた。怖い。仕方なくとうとう書くことにした。今野さんがちょっとおかしい人だったからだ。

## 出発点が間違っている人へ

いま、わたしはわたしの書いた映画評などを読まれた方たちが集まる場に赴いて、僭越ながら講義などすることが増えた。授業料を払って来られる方はほぼ、このような志望を持っている。

**「ライターになりたい」**
**「自分の思いを届けたい」**
**「バズる記事を書く方法を知りたい」**
**「上手な文章の作法を身につけたい」**
**「書くことで生計を立てたい」**

だが、ほとんどの人はスタートのところで考え方がつまずいている。最初の放心が間違っている。その前にまず方針という漢字が間違っている。出発点からおかしいのだ。偉いと思われたい。おかねが欲しい。

成功したい。目的意識があることは結構だが、その考え方で書くと、結局、人に読んでもらえない文章ができあがってしまう。

わたしは、このことを講義のたびに繰り返し述べてきた。その場では「よくわかりました」「納得しました」「目からウロコが落ちました」という感想をもらうのに、翌週の別の講師の授業ではまた『バズる記事の狙い方』などというハックに嬉々としてメモを取る生徒の姿を見かけて、がっくりきている。目にウロコを貼り直すのが早すぎる。ワンデー仕様のコンタクトレンズか。

この本は、そのような無益な文章術や空虚な目標に向かう生き方よりも、書くことの本来の楽しさと、ちょっとのめんどくささを、あなたに知ってもらいたいという気持ちで書かれた。

そして同時に、なによりわたし自身に向けて書かれるものである。すべての文章は、自分のために書かれるものだからだ。

# 付録1
# 田中泰延が書いた記事10選

自己紹介は済んだはずだが、なんとか新党とか1万数千字の記事だとかがすべてうそだということも考えられる。そこで本論に入る前に、わたしがweb上で書いた記事をいくつか挙げておきたいと思う。タイトルに付記したQRコードを読み取れば、スマホですぐ閲覧できる。

わたしは、人気ライターでも有名コラムニストでもない。しかし、田中泰延名義で書いた記事は、「街角のクリエイティブ」上だけで累計330万ページビューを数える。その他の媒体に寄稿したものも合わせると、2019年現在で軽く500万PVは超える。記事中や、プロフィール欄では顔写真も掲載されている。

なのに、わたしをだれも知らない。500万回自分の名前と顔を人様に見てもらっても、だれも田中泰延を知らない。街を歩いていたらたまに変な人に絡まれる程度にしか知られていない。TSUTAYAで18禁のコーナーに堂々と入れる。うれしい。

しかしどういうことだろう。わたしが書いたものに触れた人間が500万人。規模でいうと宇多田ヒカルのアルバム売り上げクラスのはずだ。しかしだれも知らない。1人が500万回アクセスしているに違いない。500万PVをもし1回あたり100円もらっていれば、5億円もらえていたはずだ。それは欲張りすぎなので、1PV1円でいい。それでも500万円、十分だ。いや、1PV0・1円でいい。それでも50万円あったはずだ。いや、1PV0・01円でもいい。

だが、ないのである。お金が見当たらない。まさかこんなに読まれるとは思ってなかったので、タダもしくは、とっても安い原稿料で書いてしまった。これが、なぜかコンテンツが無料で手に入る21世紀の現実だ。「webライターに、おれはなる!!!」と考えている人は、そのあたりも覚悟してほしい。海賊王になるほうがぜったい儲かる。子門真人は『およげ！　たいやきくん』の歌を録音したとき、印税契約にしなかったので日当しかもらえなかった。『およげ！　たいやきくん』は結果的に５００万枚以上売れた。

過ぎたことを悔やんでもしかたがない。前向きにいきたい。いつかタヌキを捕獲したら毛皮を販売して利益を上げようと考えている。そんなわたしが、ｗｅｂ上で書いたものをいくつか挙げていこう。タダで読めます。なんでやねん。

**①【田中泰延のエンタメ新党】**

**マッドマックス　怒りのデス・ロード**

http://www.machikado-creative.jp/planning/11395/

**ベートーヴェン『第九』**

http://www.machikado-creative.jp/planning/21673/

**神々のたそがれ**

http://www.machikado-creative.jp/planning/6817/

これが、なにかを書くようになった原点。「街角のクリエイティブ」編集長の西島知宏氏が東京から大阪まで訪ねてきて、ヒルトンホテルで高い和食をわたしに食べさせ「いま、わたしのお金で食べましたね？ 飲み込みましたね？ 書いてくれるということですね」と言った。それから2年間、20回あまり映画や音楽などについて、調べて、書くことを実践してみた。会社員をしながら自分のために書くことは、かなりの息抜きになった。

**② 秒速で1億円稼ぐ武将 石田三成〜すぐわかる石田三成の生涯〜**

http://mitsunari.biwako-visitors.jp/column/

不思議なもので、すべきことはすべきことを呼んでくる。上記の「エンタメ新党」を読まれた滋賀県の広報担当の方から、滋賀県出身の武将・石田三成について書いてくれという依頼を受けた。徹底的に調べる姿勢を貫いたことで、お堅い官公庁からの依頼なのに、最終的には好きなように書かせてくれたことがありがたかった。この記事は1万数千字がすべて「東京コピーライターズクラブ年鑑2018」に掲載された。日本最長の「広告コピー」ではないかと思っている。

### ③ マキシマムザ亮君が惚れ込んだサラリーマンの独白

http://natalie.mu/music/pp/maximumthehormone02

面識があまりなかった電通の岡部将彦さんから突然「マキシマム ザ ホルモンのマキシマムザ亮君が新作のレビューを書いてほしいと言ってます。田中泰延さんをご指名です」と連絡があった。その後、マキシマムザ亮君とはよく飲みに行くことになる。人生ほんとうにわからない。いまもこの文章はマキシマム ザ ホルモンの公式HPに置かれている。書いてみるもんだ。

### ④ 【東京コピーライターズクラブ　リレーコラム】

**大阪人の作り方**

https://www.tcc.gr.jp/relay_column/id/3570/

**僕や君や彼等のため書かされています**

https://www.tcc.gr.jp/relay_column/show/id/3854/page/1

会員である東京コピーライターズクラブのコラムとはいえ、なんでこんな大事な話をタダで書いたのかさっぱりわからない。全部で15回くらい書いている。糸井重里さんはこれを読まれ、会おうと連絡をくださった。人生ほんとうにわからない。書いてみるもんだ。

## ⑤【80年代音楽コラム　リマインダー】

**田中泰延が会社を辞めたほんとうの理由**

https://reminder.top/760847469/

「リマインダー」の太田代表からお話をいただいて、15本の80年代音楽コラムを書かせてもらった。「リマインダー」は大変ユニークで価値のあるアーカイブだと思うので、また折に触れ書いてみようと思う。また、高校生のときからファンだった漫画家、上條淳士さんとの交流も始まった。

**⑥ 「京都学園大学に行ってみた」をやってみた。**

https://www.kuas.ac.jp/admissions/ITMT/endroll

いまは京都先端科学大学と名称が変わったが、ライターの夏生さえりさん、カツセマサヒコさんと2年間取り組んだ大学の広報記事。ライターがチームを組んで1つの目標に向かって記事を作り上げていく方法を手探りでやってみた。学ぶことは、おもしろい。

**⑦ 若沖についていきました**

https://mediarocket.jp/7545

福島県の熊坂仁美さんから、「田中さんに若冲を見て、書いてほしい」と連絡があった。うかがって、調べて、書いてみると、人生には思わぬ偶然と必然があることを知った。そういえば電通を辞めて、わたしは1度も「仕事をください」とだれかにお願いしたことがない。なんとありがたいことか。声をかけてくれた人のために頑張ろうと思う。とはいえ、自分がおもしろがることが大切だ。

## ⑧【ひろのぶ雑記】

**午前2時のプールサイド**
http://www.machikado-creative.jp/planning/53409/

**終わる事などあるのでしょうか**
http://www.machikado-creative.jp/planning/56434/

**鯉は遠い日の鮑ではない**
https://www.machikado-creative.jp/planning/58288/

**エンパイアステートビルで会いましょう**

http://www.machikado-creative.jp/planning/52129/

「街角のクリエイティブ」で、「エンタメ新党」以外にもなにか連載を、とお話をいただいて、いろんなよしなしごとを、書いた。過去の記憶は、自分が触れた「事象」であり、それによって生じた「心象」を自分がずっとしまってあったことに気がついた。かなりパーソナルな随筆連載。

**⑨ 加藤順彦は、「あきない人」である**

https://inumimi.papy.co.jp/inmm/sc/kiji/1-1117935-84/

ｗｅｂで全文公開されているが、これは１９８８年に学生起業に参加してから30年来の先輩である加藤順彦さんの著書『若者よ、アジアのウミガメとなれ 講演録』に寄せた解説文である。８００字くらいであとがきを書いてくれ、と頼まれたのに、なぜか７０００字も書いてしまい、あとがきのはずが巻頭に置かれてしまった。

⑩【フォトヒロノブ】

**追憶のランウェイ32L**

http://www.sigma-sein.com/jp/photohironobu/0004/

**ネパール逍遥**

http://www.sigma-sein.com/jp/photohironobu/0007/

わたしは、自分で勝手に名乗った「青年失業家」に加えて、2018年から「写真者」という肩書きも名乗っている。写真は、ど素人なのだが、先に挙げた【ひろのぶ雑記】の写真も交えた記事を読まれた株式会社シグマの方から連載のお話をいただいた。写真と文章の組み合わせ、自分が見たいことと読みたいことの組み合わせを、好きにやらせてもらっていてありがたい。

以上、わたしはこんな文章を書いてきた。本編に入ろう。

第1章

ブログやSNSで書いているあなたへ

# なにを書くのか

自分のフィールドを知る

「ライター」という単語は、英語では「著述をする人」全般を指す。小説、脚本、ルポ、コラム、ぜんぶひっくるめて“writer”である。しかし、一般的に日本における「ライター」が指す範囲は、文章を書くことを職業とする人ではあっても、微妙に狭い。本章ではまず、「それはどこか」をはっきりと定義する。そしてその範囲こそが、「ライター」の活動領域なのだ。

なにを書くのか その1

# 文書と文章は違うことを知っておく

この本は、「文章術」と明記してある。だが、なんのための「術」を教えようとしているのだろうか。

レポート、論文、メール、報告書、企画書。先にも述べたが、これらは「問題解決」のためであったり「目的達成」のためであったりする書類だ。

世に出回っている「文章術」の本は、なぜかこれらの書き方を懇切丁寧に教えようとしている。だが、**それらは文章というより、業務用の「文書」**というべきものではないだろうか。

しかし、いまネット上にあふれているのは「文章」のほうだ。**書**

**きたい人がいて、読みたい人がいる（かもしれない）、それが「文章」**なのである。

大学に出した卒業論文を「皆さんぜひ、読んでみてください」とネット上に掲載する学生はほとんどいない。上司に提出した報告書を「感想待ってます」と発表するサラリーマンを見たことがない。

そんなものは書きたくないのに書かされた上に、自分ですらもう読みたくない、ましてや他人はもっと読みたくないものだ。それは「文書」だからだ。

「文章術」なる本の中には、「上司の立場になって考える 読みたくなる報告書」などというとんでもないでたらめが書いてあるものもある。報告書になにが書いてあろうが、上司だって読みたくない。そういう「文書」を人が書くのも読むのも、給料をもらうためである。

では、ブログ、コラム、書評、映画評、近況報告、時事問題への言及、FacebookやTwitterへの投稿などなど……ネットを開けば目に入る「文章」の正体はなんだろうか。

なにを書くのか その2

# ネットで読まれている文章の9割は「随筆」

じつは、書きたい人がいて、読む人がいる文章のボリュームゾーンは「随筆」なのである。

では、**「随筆」とはなにか**。わたしは、文章教室の講師などを務めるとき、かならずこの質問を生徒さんにする。ところが、ほとんどの人は答えることができない。

だいたいの生徒からは、**「好きに書いた文章?」「思ったことを書くこと?」**などという疑問形で答えが返ってくる。これらは、2つの点で間違っている。まず、定義が曖昧すぎる。次に、質問したのはわたしだ。

定義はとても大切だ。もちろん、辞書で「随筆」の項を引けば、【思うがまま筆に任せて書いた文章】などという説明が載っている。筆に任せる。どんな便利な筆だろうか。どこで売っているのだろうか。ぜひ購入したい。

わたしが随筆を定義すると、こうなる。

## 「事象と心象が交わるところに生まれる文章」

ほとんどの生徒がこう言われると、びっくりした顔をする。つまり、自分が書きたくて、また読んでほしい分野の定義ができていないのだ。

事象とはすなわち、見聞きしたことや、知ったことだ。世の中のあらゆるモノ、コト、ヒトは「事象」である。それに触れて心が動き、書きたくなる気持ちが生まれる、それが「心象」である。

その2つがそろってはじめて「随筆」が書かれる。人間は、**事象を見聞きして、それに対して思ったこと考えたことを書きたいし、また読みたい**のである。

そしてネット上で読まれている文章のほとんどはこの「随筆」にあたるものである。映画評論も随筆の一種だ。もう少し説明しよう。

なにを書くのか その3

# 書く文章の「分野」を知っておく

もちろん、文章は随筆だけではない。「事象と心象が交わるところに生まれるのが随筆」と述べたが、これはとりもなおさず「事象を著した文章」も「心象を著した文章」もあるということである。

事象を中心に記述されたもの、それは**「報道」**や**「ルポルタージュ」**と呼ばれる。

「5月12日、イスタンブールで爆弾が爆発し、犠牲者が出た」という報道はあっても、「5月12日、イスタンブールで爆弾が爆発し、犠牲者が出た。これは非常に許せない行為であり、涙が出る」という文章は、すでに報道ではない。後者は書き手の心象が述べられているからである。

次に、心象をメインにして記述されたもの、それは**「創作」「フィクション」**と呼ばれる。すなわち小説だったり、詩だったりである。

これは事象と関係あってもなくてもよく、想像力だけで成り立っていてもなんの問題もない。「西暦3437年、アメンホテップ6世の末裔、モホロビチッチ・ジョージは、宇宙猫ピートのお告げによって新型ピラミッド〈ヒミコ・パルナス・モンブラン〉に乗り込み、プレアデス星団へ向かう」という話でもかまわないのだ。我ながら本当に出まかせを書くのが早いと思ったが、さっぱりおもしろくなさそうだ。絶対に読みたくない。

わたしが講師として登壇させてもらう授業には、「ネットでなにかを書いて、人に読んでもらいたい」という生徒が大勢集まる。いわゆる「ライターになりたい」人である。しかし、上記のように「では、あなたが書く分野はなんなのか？」という定義に無自覚な人が多い。

**事象寄りのものを書くのならば、それは「ジャーナリスト」「研究者」**であり、**心象寄りのものを書くのであればそれは「小説家」「詩人」**である。それらは、どちらもある種の専門職というべきものである。

そのどちらでもない「随筆」という分野で文章を綴り、読者の支持を得ることで生きていくのが、いま一般に言われる「ライター」なのである。

なにを書くのか その4

# 定義をはっきりさせよう

もう少し定義の話を続ける。これも講義をしたとき、かならずライター志望の生徒さんに質問することだ。

## 「趣味の定義をしてください」

何人かに答えてもらう。するとほぼ「仕事でなく、楽しみとしていること」「空いている時間にすること」という答えが返ってくる。なるほど辞書にはそう書いてある。間違いではない。だが、ライターとして言葉を扱って生活しようとするなら、もっと深く考えてみよう。

切手を収集する人がいる。紛れもなく「趣味」である。高価な釣竿を何十本も集める人がいる。だれから見ても「趣味」だ。しかし本来、切手は郵便料金分の額面を貼ればよいし、魚を釣るためには、極論すると折れさえしない限り棒が1本あれば足りるのである。

「郵便を届ける」「魚を釣る」というのは目的である。それに対して「切手」「釣竿」は手段に過ぎない。だが、それらを収集する愛好家にとっては、手段であるはずのものを必要以上に購入し、陳列し、愛でたり撫でたりさすったりすることが目的化しているのである。それこそが「趣味」であり、こう定義したときに正体がはっきりする。

## 「手段が目的にすりかわったこと」

趣味とは、倒錯であるともいえる。このように、単語一つひとつについて足場を固めていかないと、長い文章を書いたときに、曖昧なままの言葉を積み重ねてしまうことになる。

また、一つひとつの単語の定義を忘れると、自分がいま書いているものがなんなのかが分からなくなってくる。「事象と心象が交わるところに生まれるのが随筆」という定義を見失って映画を評論すると、事象寄りに振れてしまえば映画のあらすじばかり書く状態に陥るし、心象寄りだと感想だけ書いて終わってしまう。

**定義をしっかり持てば、自分がいま、なにを書いているかを忘れることはない。**

なにを書くのか　その5

# ことばを疑うことから始める

「定義をしっかり再構築しよう」というのは、言い換えれば「疑ってかかれ」ということでもある。言葉に対する思考の最初になくてはならないのは、「ことばを疑うこと」だ。「言葉」という単語さえ、50回書いて唱えるとゲシュタルト崩壊して意味がわからなくなる。そこからやっと言葉の正体を探るという思考が生じる。

**その単語に自分がはっきりと感じる重みや実体があるか。わけもわからないまま誰かが使った単語を流用していないか。**

「わたしはことばを信じてる」みたいな前提がいちばんあやしい。

以前、わたしは歴史に関する記事を執筆していたとき、不意に「幕府」という単語の意味がわからなくなった。なんども「幕府」「幕府」

と記述しているうちに、みるみるわたしの中から「幕府」の実体が失われ、わけのわからないものとなっていった。鎌倉幕府、室町幕府、江戸幕府。日本に住んで教育を受けた者なら、小学校以来、何千回も習ったし、書いたり、言ったりしてきた単語のはずだ。

だが、日本には天皇がおり、君主として存在してきた。しかし歴史を学習すると、ある時期から当然のように国権の主体として「幕府」の存在が語られる。源頼朝が征夷大将軍に任命され政治の中心を移した、と簡単に書いてあるが、いったいどのように国家権力が掌握されてしまったのか。

そんなとき、頭を切り替えようと「外国人に英語で日本の歴史を説

明しましょう」という趣旨の本を読んでみると、

**「カマクラ・ミリタリー・ガバメント」**

という記述があり、ハッとして腑に落ちた。要は「軍事政権」なのである。現代の東南アジアや中南米のクーデターを思い浮かべると本質は近い。旧勢力に対して軍事力による実効支配を打ち立て、それが大政奉還まで700年近く続いたのが、この国のかたちだったのだ。

このように、自分自身がその言葉の実体を理解することが重要で、**そうでなければ他人に意味を伝達することは不可能**なのだ。

# 文章術コラム❶
# 広告の書き方

## まともなことを書いてしまおう

この本はハウツー本でもビジネス書でもない。だが、うっかり実用的なことを書いてしまう場合がある。

わたしは24年間、広告会社でコピーライターおよびCMプランナーとして給料をもらって生活していたのだから、ビジネスをしていたのは間違いないし、そこにノウハウがあったのも間違いない。退職してからも依然として東京コピーライターズクラブと大阪コピーライターズクラブの審査員を務めている。

なので、ここからのコラムは、おまけのようで、実は一番まともなビジネス書の部分かもしれない。本書の中で唯一役に立つ部分だ。最終的にはここだけ切り取っておくと荷物にならなくて良い。くれぐれもこの本がAmazonの中古1円で売られないように、必要なところを切って、残りは紙のリサイクルに出すことが肝心だ。

これさえ読めばあなたも今日から広告クリエーターだ。

**広告クリエーティブの仕事の流れ**

たとえばテレビコマーシャルの場合、仕事の流れは、ざっとこんな感じになる。

**①　広告主からオリエンテーションを受ける。**

**②　マーケティング部門に調査を頼んだりする。頼まない場合もある。**

**③　考える。ひたすら考える。**

**④　タレント、有名人を起用すべき場合は交渉する。**

**⑤考えをまとめて、書く。字で書いたり、絵にしたり。**
**⑥広告主にプレゼンテーションする。**
**⑦プロデューサー、演出家などスタッフを選ぶ。**
**⑧撮影する。スタジオの場合もあればロケだったり。海外だったり。**
**⑨編集する。音楽や音を作ってつける。**
**⑩放送する。**

見ればおわかりのように、広告会社の仕事は「代理人として宣伝物を制作する」というものだ。広告を作るのは依頼主だが、その外部の立場で課題を与えられ、達成したい目標を共有し、金銭によってその成果の報酬を受ける。

特筆すべきは、テレビコマーシャルは映像が大切だと思われがちだが、その**基礎にあるのは「言葉」**であり、「コピー」だということである。気がつきにくいことだが、映像、すなわち英語でいうところの「イメージ」は、最終的な形にしない限り他人と共有することができない。絵コンテを描いたとしても、あくまで設計図でしかない。「こんなイメージで」と人が話し合う場合も、具体的な「こんな」の部分は言葉によって伝達される。

したがって、上記のテレビコマーシャルを作るすべてのステップにおいても、作業を進めていくためのツールは結局「言葉」なのである。「イメージ」のアウトプットは、最終ステップ⑩の「放送する」まで結局だれにもわからない。

## 広告の発想法について

では、広告はどのように発想されるか。ここからのメモは、わたしが長年にわたり師事したクリエーティブ・ディレクター、中治信博氏の教えによるものが大きい。

このような場合、実際の広告の事例や、自分自身が電通で手がけたCMを挙げて説明するのが筋だが、そうすると分量的に1冊の別の本になってしまう。その本はまた別に1500円で買ってほしいので、今回は考え方の芯になる部分を述べたいと思う。

## 15文字で言う

テレビコマーシャルは、基本、15秒しかない。30秒、60秒の素材もあるにはあるが、オンエアされる大部分は「スポットCM」と呼ばれるもっとも短い15秒のものだ。その昔は5秒CMもあった。

時間が短いからといって、商品の特長や製品名など、広告主の言いたいことを急いで言えばいいというものではない。そこに何がしかの仕掛けや情緒を盛り込み、語りかける言葉として機能しなければ、注目してもらうまでには至らない。

TVCMではない、いわゆる平面広告、つまり新聞や雑誌、ポスターの広告も、**人々の目に入るのは1秒以内**と想定しなければならない。ページをめくる瞬間や、通勤通学時に目に止まるかどうかだ。そこで人々を一瞬で「キャッチ」しなければならない役目を持った言葉を「キャッチコピー」と呼ぶのである。

なので、**15文字くらい**でまとまらないと、広告メッセージとしては長すぎる。我々コピーライターは、長い文章を書くだけ書いて、それを損なわずどこまで短くできるかの訓練を積む。

コピーライターとして24年も勤めてしまった自分が、この本を書くにあたって一番困ったのはここだ。

コピーライターはとにかく短い文章で相手に伝えることを考える。しかし、それで1冊の本を書こうとすると、非常に薄く、文字が少なく、白い部分の目立つ本になってしまう。

なので今回は、全体のわずか98%程度に無駄な文章を散りばめることによって、なんとか1500円で発売することに成功した。良かった。わたしにも生活があるのだ。

## 1つだけ言う

広告業界就職志望者へのセミナーなどでよく実験するのだが、たとえば200人の参加者に対して、伝言ゲームをやってもらう。

まず、「白いうさぎ」と最初の人に耳打ちして、200人に耳打ちでリレーしてもらう。たまに**「碧いうさぎ」「酒井法子」「のりピー」**などの間違った答に変化することはあるが、ほぼ最後の200人目から「白いうさぎ」という答が返ってくる。この場合「うさぎ」の特徴を表す形容詞は「白い」のたった1つだからだ。

次に、「甘くて赤くておいしいリンゴ」と耳打ちすると、これがおもしろいくらい伝わらない。200人の伝言ゲームを経るとすっかり変化してしまう。一度など「暴れる若いライオン」になったこともある。「リンゴ」に対して3つも良いところを伝えようとして、リンゴであることすら失われて伝わってしまうのだ。

1秒以内しか接触してもらえない、接触後に興味を引いて最後まで見てもらっても15秒しかないCMの中では、**伝える情報はCM1つにつき1つだけにする。**2つにするとそれぞれは半分以下しか伝わらない可能性がある。

広告主には、伝えたい商品の特長が山ほどある。苦労して、ここもよくしよう、ここもよくしようと開発した末に販売するのだから当然だ。たとえば自動車などは数万点の「よくしよう」の集大成だ。走行性能がいい、室内が広い、安全性が高い、デザインがいい、燃費がいい、色がいい、名前がいい……痛いほどよくわかる。

しかしわたしたち広告制作者は、心を鬼にしてその中からもっとも有利に訴求できそうな1つを選び、たとえば「**今回は、燃費がいいことだけ伝えましょう**」というプレゼンテーションをする。

## 引きつけると効率がいい

広告主はわたしたち広告制作者と、山ほどある言いたいことの中から、1点だけをメッセージすることに合意した。さきほどの自動車の例だと、「燃費がいい」ということだ。

だが、それをいきなり言っても、視聴者は話を聞いてくれるだろうか？　燃費のいい車は各社発売している。燃費が他社のズバリ半分になるのであれば、そのファクトだけ伝えればいい。だが実際は技術競争の結果、ほぼ横並びの性能で各社の製品が出揃うのが資本主義のメカニズムだ。

そのような状況で必要なのが、とにかく引きつけることだ。**世にタレント広告が尽きない理由**はここにある。生活者にすでに人気のある俳優、歌手、スポーツ選手、タレントなどを起用すれば、商品のメリットを伝えるより前に、まずはこっちを向いてもらえる。**何を言うかより誰が言うか**で勝負が決まる場合もあるのだ。

**渡辺謙は軽自動車に乗りそうにないのに、**渡辺謙は軽自動車の傍らに立ちそうもないのに、渡辺謙は燃費など気にしそうにもないのに、渡辺謙が軽自動車の傍らに立って「燃費がいい」ということを伝えれば、渡辺謙に目を奪われた視聴者は、渡辺謙と軽自動車は関係ないということを忘れ、燃費の良さを覚える。しまいには「渡辺謙の車ください」とディーラーに軽自動車を買いに来る客が現れる。この段落にはここまで7回も渡辺謙と書いたので、すでに目を引く文章になっていることがおわかりであろう。

ゆえに、契約料、出演料とかなりのコストが必要だが、これら「**商品と関係ない有名人**」は広告に出続ける。

また、人気のあるミュージシャンの楽曲を流す、珍しい映像表現、綺麗な風景、可愛さを感じる動物、子ども、なども引きつけるための戦術として選ばれる。わたしなど、有効なアイデアが出ないときは上司によく「**犬撮っておけ**」「**赤ちゃん出し**

**ておけ**」と言われたものである。

書店のビジネス書コーナーの前に立ってみよう。表紙に、なぜか内容と全く関係のない犬や赤ちゃんの写真が載っている本があると思う。つまり、そういうことなのだ。**この本の表紙に、わたしの美しい顔写真**を全面的に敷こうかと思ったが、おそらく意味を成さない。わたしが「商品と関係ある無名人」だからだ。

いきなり言いたいことを言っても無視されがちだ。広告は、無理矢理にでも目を引きつけておいて、商品メッセージを伝えるのだ。

## 人が気にしていることを言うと効率がいい

耳目を引きつけた隙に広告主の伝えたいメッセージを訴えるのが広告の基本だが、ここでもまだ難題がある。それはせっかく引きつけたものの、「言いたいことを言っても人は聞く耳を持たない」ということだ。

さきほどの「燃費がいい」という軽自動車にしても、その事実を提示しても、それはメーカーの言いたいことであって、視聴者は「自分の問題」とは考えにくい。「そんなこと急に言われましても」の世界である。そこで、テレビを見ている人が普段気にしていることを前提として言えば、聞く耳を持ってもらえる確率が上がる。

つまり、例に挙げた燃費の良い自動車なら、購買者のメリットは最終的に「お金が節約できる」ということなのだから、彼らが生活の中で気にしているお金の話はなにか？　を考えてメッセージすればいい。「燃費がいい」→「お金が浮く」という事実を具体的な利益に置き換えるのだ。

「遠出ができる」「海外旅行に行ける」「若い人でも維持できる」「年金世代でも所有できる」「**新しい洋服を買える**」「**毎日の食事のおかずを一品増やせる**」「コストが有利な上に地球環境に貢献する人物に見られる」などなど、さまざまなアプローチが考えられる。

お金が節約できる、他人からかっこよく見られるようになる、異性にモテるようになる、家事の負担が減る、家庭が円満になる、これらの結果を得たいというのは、すべて人間の欲望である。当たる広告は、人間の欲望にかかわる「気にしていること」を喚起していることが多い。

## すぐれた広告は、発明よりも、発見

広告におけるコピーライティングは、「新しい言葉の発明」のように捉えられることがある。だが、この世に流通していない言語を発明して発表したところで、意味が通じるだろうか。

たとえばリンゴの広告を依頼されたからといって、「**このリンゴ　逕倥¥縺ヲ縺ィ縺縺ヲ繧ゅ♀縺?@縺**」と非常に斬新なコピーを書いたとしても、だれが読めるというのか。だいたいこれはUTF8の文字を間違ってShift_JISで表示して**文字**

**化けしただけ**であって、元の文章には「このリンゴ　甘くてとてもおいしい」と書いてあったのだ。

広告は商品の売りたい点、企業の伝えたい点をできるだけ効率よく伝えることにその価値がある。となると、そこで伝えるべきことは、お互いがよく知っている言葉で共有されると効率が良いはずだ。そこに、少しだけでいいので別角度からの視点があればいい。

つまり、よい広告コピーとは、**わかりやすい言葉で書かれているが、ちょっと発見があるもの、**ということになる。

たとえば、有名な例として、

**想像力と数百円　新潮文庫**

というものがある。これは糸井重里氏の手による日本の広告史上に残る名コピーだが、どこにも難しい言葉は使われていない。そこには、文庫本というものが持つ本質への「発見」が、だれにでもわかるように短く書かれているだけだ。

「発見」にたどりつくまでに、コピーライターは与件である商品や、広告主である企業について「調べる」「気がつく」ということが重要になってくる。

## 小学生に効く広告は総務課長にも効く

広告メッセージは発明ではなく発見だと述べたが、新しい視点の発見を、小難しい理屈で伝えるだけが広告ではない。

だれにでも、**耳にこびりついたコマーシャルソング**をつい歌ってしまった経験があることだろう。意味もわからないまま繰り返し聴いて、まるで小学生のようになにかにつけて歌ってしまうCM曲。

子どもに効くメッセージは大人の脳の中の子どもの部分にも効くのだ。どこからみても中年男性の総務課長にも、心の奥底には小学生の頃の自分が入っている。結局、人間は全員子どもだと仮定してもいい。

CMソングもそうだし、商品名や商品名や商品特徴に引っ掛けた**一見幼稚なダジャレ**もそうだ。商品名や企業名をとにかく覚えてほしいときなどは、理屈ではない、子どもの心で発想したアイデアが生きてくる。

## 商品と関係ないことも広告として成り立つ

タレント広告の項でも述べたが、視聴者の耳目を引きつけてメッセージを伝えるのが広告の一形態だとすれば、訴求したい商品と特段関係ないエンタテインメントを展開して、引きつけてしまう処方もある。

宣伝を依頼された商品について、そのモノにまつわる特長や利点を考え抜いて訴求する、というやり方から一旦離れ、「**商品とあまり関係ないが、制作者自身がおもしろいと感じること**」を広告にしてしまう、これも1つのやり方だ。

ある種のクリエーティブ・ジャンプともいえる方法だが、たとえば近年では通信キャリアの『ａｕ』が桃太郎、浦島太郎、金太郎などを主人公に展開したＣＭなどは記憶に新しい。

大ヒットしたＣＭだが、あの発想は『ａｕ』の通信料金プランやサービスを伝えるコピーをいちいち考えるという手法ではない。プランニングした人間が個人的に「おもしろい」と感じる世界をまず作り、それをエンタテインメントとして成立させ、その世界観の中でブランド訴求を続け、成功した。

**まず自分がおもしろくなければ、他人もおもしろくない**だろう、という考え方である。

## 商品と企業を本気で愛する

広告会社の仕事は、どこまでいっても代理業だ。しかし代理といえども制作者は、課題となった商品や企業を、**どこかで本気で好きに**ならなければ、そのことについて考え続けるのは難しい。

商品を開発し、発売する依頼主から仕事への思いを聞き、その商品や企業をまず好きになること。商品や企業について調べて知ることで対象を愛すること。なにより依頼してくれて、報酬を払ってくれる相手の役に立ちたいと願うこと。それはプロフェッショナルな代理人に必要な基本的資質である。

わたしなど、新入社員のころには、先輩に広告制作を代理する者の心構えとして、**「その場限りの誠心誠意、短いけれど本気の恋」**と教えられたものだ。

そして売り手である依頼主も、代理人である自分も、受け取り手である視聴者も、

**利益を分かち合う人間同士**だということを忘れてはならない。愛情がなければ、依頼主と共にコミュニケーション上の課題を乗り越え、広告を見る人に思いを伝えることは難しいだろう。

## 広告の基本的な考え方

ここまでは広告を企画する側、つまりクリエーターの発想法について述べたが、逆にわたしは広告主から「広告制作とはどのようなものか」をレクチャーしてほしいと頼まれる場合がある。その時に話す内容を挙げよう。これも電通時代に中治信博ＣＤから何度も教わったことだ。

### 広告は、合コンの自己紹介に似ている

広告とは、リスクを冒して他者に自己をイントロデュースする試みである。**黙っていたのではなにも起こらない。**わざわざ口を開くわけだから、覚えてもらえ

るのか、よく知ってもらえるのか、好感を持ってもらえるのか、深い関係を結べるのか、よくよく考えてから行動しなければならない。

合コンの自己紹介のことを考えるとよくわかる。自分を良く見せたいからといって**自慢話は最悪だ。**かといってなんにも言わなければその場にいないのと同じだ。自分は笑わせるのが得意なのか、誠実なのか、美人なのか。そのへんをよく考えないと失敗する可能性が上昇する。

わたしたち広告制作者は、まずあなたという人間の話をよく聞き、良いところを知った上で、あれもこれもと言わずにポイントを絞った、短く、感じのいい挨拶の仕方を考える。

## 広告は、ヘアサロンに似ている

だれでも、ヘアサロンに行けば、どうしたいですか？　どうなりたいですか？　と訊かれることだろう。黙って髪の毛を切り始める美容師はいない。広告制作者が仕事を依頼される出発点は、これによく似ている。顧客がどうなりたいか？　どう見られたいか？　をまず聞いて、その目標に対して技術を発揮するのである。

しかし、**「テレビで人気のあの女優みたいにしてください！」**と頼まれても、あまりにもその人に似合わない髪型にしようとすると、客も美容師も不幸になる。

広告でも、「あの企業がやってるあのＣＭみたいなＣＭを作りたい」と頼まれることがある。だが、表現がその商品や企業にフィットしなければ、それをやめるよう思いとどまってもらうのも広告制作者の重要な仕事だ。本人が髪型を気に入っても、それで他者に良く見られるかどうかは別だ。

## 広告は、投資ではなく、投機である

工場を建てるときには、その工場が稼働することによってどれだけの収益が見込めるかを計算する。原料を仕入れるときには、その原料を加工してどれだけの利益を得られるかを目論む。

だが、広告は、予算を割いてやれば儲けになって返ってくると決まっているわけではない。その意味では、**広告は「博打《ばくち》」に近い**部分が少なからずある。

宣伝でうまくコミュニケーションが成功すれば、単一の商品を大量生産して利益を上げたり、結果的に企業のリクルーティングになって優秀な人材が集まるということが起こる。**当たったときの費用対効果が大きい**ので、世の中から広告活動が絶えないのだ。

わたしたち広告制作者は、経営コンサルタントではない。確実に儲けを出す投資ではなく、依頼主といっしょに投機に挑むパートナーである。

## 無責任に考え、結果に責任を持つ

ある会社が、自分たち自身の手で商品や自社を売り込もうとしても、その発想はどこまでも「手前味噌」になってしまう。

わたしたち広告制作者は、依頼主の商品を理解し、その企業を愛するといっても、せんじつめればよその会社の話でしかない。しかし、ある程度無責任だからこそ、依頼された商品や企業について客観性を保って考えることができる。

実際、広告主自身が「こういうメッセージを伝えてほしいのですけれども」と見せてくれる「オリエンシート」には、だいたい「この製品と我が社は優秀で、素晴らしくて、ここも良くてあそこも良くて、最高です。必ず消費者はこれにお金を払いたくなります」というような内容しか書かれていない。

そこを他人の目で、無責任に斬って捨てるところは捨て、第三者から少しでも好意を持ってもらえるような、謙虚でおもしろい表現を考える。その取り組みは**無責任であればあるほど「クリエーティブ・ジャンプ」を呼び込む**ことができる。

ただし広告制作者は、そうして**無責任に考えた結果について責任を負わなければならない**。成功した場合の報酬を受け取るのも、継続的にその企業から発注される立場になるのも、失敗して二度と声をかけてもらえない立場になるのも、広告制作を生業《なりわい》に選んだ人間が人生で負わなければならない責任である。

**有能な科学者とそうでない科学者の差は、最初に立てる仮説の違いである**

これは、ノーベル賞受賞者・**利根川博士の言葉**だ。科学の世界では、考えるべき課題に対して、まず「仮説」を立てる。ひょっとしたらこの考えは正しいのではないか？　という直感に対して、実験を繰り返し、再現性があるものだけが科学的事実となるのだ。

広告にも同じことが言える。まず、訴求点やコピーに関して「仮説」を立て、実験に相当するのは、なんと実際の広告出稿ということになる。初めに間違うとどんな実験をしても意味がない。だからこそ、広告制作者と広告主は、「仮説」を立てる時点で、しっかりした合意をもたなくてはならない。

ちなみにわたしは**「利根川博士」というのは関東平野を流れる利根川にやたら詳しい人のアダ名**だと思っていた。違った。これが仮説が間違っている例である。

## 広告コピーの考え方はあらゆる文章に活かせる

わたしはたまたま広告会社に就職し、コピーライター、CMプランナーとして24年間を過ごしたわけだが、その経験は、いまわたしが次の職業に選んだ「ライターとして文章を書く」ことに大きく活かされていると感じる。

広告制作者は、発信者ではない。自分が作った広告を「作品」と呼ぶ人がいるが、そんなわけがない。広告は、依頼されてとりかかる「制作物」である。広告制作者は無責任に代理を務める立場である。そこに「初めてそのことを知って学ぶ立場で考える」、つまり**「書き手ではなく、読み手として書く」**という強みが生まれる。

客観的な姿勢で対象に接すること、対象について調べて発見すること、対象を愛せるポイントを見つけること、伝えることを絞って短い文章にまとめること、そしてなにより、自分がおもしろいと感じられないものは他人もおもしろくないという事実を、何千万人もの視聴者を相手に肌で感じること。

広告コピーライターとして考えること、実行すべきことは、ライターとして随筆を書くことと非常に似ているのである。あなたがもし、なにか課題を与えられ、それについて書くライターとなったとき、その案件の広告を作るように、コピーライティングをするように、考えてみる。

その意識を持つことは、あなたが文章を書くときに、きっと役立つことだろう。

# 第2章

「読者を想定」しているあなたへ

# だれに書くのか

そんなに届けたいですか?

マイケル・ジャクソンに「マン・イン・ザ・ミラー」という名曲がある。「世界を変えたい? いや、それならまず鏡の中の男、つまり自分を変えなきゃ何も始まらないだろ」と呼びかける歌である。この章では、世の中にはびこる「だれかにメッセージを届けよう」というメッセージ自体が間違っていることを説明する。あなたは、まったくだれからも褒められなかったとしても、朝出かけるとき、最低限、自分が気に入るように服を着るだろう。文章も、それでいいのだ。

だれに書くのか　その1

# ターゲットなど想定しなくていい

無数の文章術の本に書かれているのが、「読む人はだれかをはっきりさせて書きなさい」というやつである。

いわく「20代女性に響く書き方」。そんなものがわかる50代男性がいたら、もうちょっと20代女性にモテているだろう。そしてそんなモテ方を知っている男は、暗い部屋で一人で文章など書かない。

いわく「ターゲットを想定しよう」。「ターゲット」という言葉の下品さといったら相当なものだ。だいたい、「ターゲット」とはなんだ。射撃と文章を間違えてはいけない。「インスタ映えする写真」のような「ブログ映えする文章」みたいな指南もある。なんとかバエなんとかバエとか、おまえはショウジョウバエかと言いたい。

「たった一人のだれかに手紙を書くように書きなさい」というのもある。かなりもっともらしいが、**それはLINEしてください。**

そもそも特定のだれかに言いたいことが「届く」ということが、そんなにあるだろうか。わたしは24年間、広告業界で「コピーライティング」を仕事にしてきた。それはまさに「30代女性にこの洋服の良さを伝える文章を書け」「中学生がこのスナック菓子に興味を持つ言葉を考えろ」というターゲット論の世界だった。だが、莫大な宣伝費を使うそれらも、結局、テレビや新聞など不特定多数が目にするところに「置かれる」のであり、「届けられる」のではない。

広告業界人で結成された「満員劇場御礼座」という劇団に『会議』（作・淀川フーヨーハイ）という演劇がある。あるビール会社の宣伝担当が、特定のターゲットに売れそうなビールとして『女の冬の風呂上がりのビール』という商品名を考える。すると上司に「君な、『女』で人口の半分、『冬』で一年の四分の一、『風呂上がり』でさらに一日の数十分間に顧客が限定されるやないか。商品名は『みんなのビール』にしろ」と叱責される話である。

読み手など想定して書かなくていい。**その文章を最初に読むのは、間違いなく自分だ。**自分で読んでおもしろくなければ、書くこと自体が無駄になる。

だれに書くのか　その2

# だれかが
# もう書いて
# いるなら
# 読み手でいよう

「自分が読んでおもしろい文章」とは、「まだだれも読んでいない文章を自分で作る」ということである。

たとえば、映画を観る。「ここがおもしろかった」「この場面は疑問だ」など、さまざまなことを思うだろう。これが前章で述べた「映画という事象によって心象が生じる」という事態である。

だが、映画のパンフレットがある。『キネマ旬報』『映画秘宝』などの雑誌にはプロの評論家の意見が載っている。ラジオの映画解説もあれば、YouTube の映画紹介もある。また無数の映画レビューや、映画ブログ、ツイッターでの感想も目に入ってくる。

そこで自分の感想と同じポイントを、だれかの手で自分より豊かな語彙で書かれていたり、自分が感じた疑問点について、なるほどと膝を叩く考察があますところなく展開されていれば、あなたはいまさらなにも書く必要はない。

他人と同じことを書いてネットの世界に放流すると、あなたのもとに寄せられる反響は「○○さんが言っているのと同じですね」である。他人の真似をして書いたもので原稿料をもらおうとすると、あなたのところにやってくるのは賞賛ではなく、警察である。もしくは著作権者からの内容証明郵便である。

**「わたしが言いたいことを書いている人がいない。じゃあ、自**

**分が書くしかない」**

読み手として読みたいものを書くというのは、ここが出発点なのだ。先に述べたように現代は、時事問題への意見、事件や事故に対する考察、映画やテレビ番組や本の感想、事象に寄せられる言説は瞬時にインターネット上に溢れる。そういう意味では、自分のオリジナリティのある文章を書くことはたいへん難しい時代になった。

だが、「いまさら書かなくていいことは書く必要がない」という事実はある意味、ラクなことだ。特段の新しいものの見方も疑問もなく、**読み手でかまわないなら、読み手でいよう**。どこかで読んだ内容を苦労して文章にしてもだれも読まないし、自分も楽しくない。

だれに書くのか その3

# 承認欲求を満たすのに「書く」は割に合わない

「文章を書くのが好き」という人がよくわからない。わたしにとっては世界で一番イヤなことだからだ。一番好きなのは「カレーライスを食べること」で、そこから順番を付けるとだいたい1863番目ぐらいに「書くこと」がランクインする。

おおよそこの世で文章を書くという作業ほど面倒くさいことがあるだろうか。フルマラソンを走るほうがラクだろう。東京マラソンはあれだけの参加者が嬉々として完走しているが、出場条件に「走りたければ1万字書きなさい」とあったら、ほとんどの人が400字くらいで棄権して参加をとりやめるだろう。

わたしは、自発的に文章を書きたいと思ったことなど一度もない。

コピーライターの仕事も、そういう会社のそういう部署に配属されたからだし、映画評も頼まれて引き受けたもので、いま書いているこの本自体、依頼されたからやむをえず書いている。

だが、イヤだイヤだと思っていても仕方がない。書くと約束した以上、重い腰を上げて書き始める。イヤなことを少しでも愉快にするためには、**自分が書いて、自分で読んで楽しい気分になる**以外に方法がない。そうしているうちに、自分が読み手になってくる。

自分で独り言を言って自分で笑うようなもので、アホといえばアホだが、自分のことをよく知っているのは自分なので、「**知らない読み手を想定して喜ばせる**」**よりもかなり簡単**だ。そうして、自分ひとり勝手におもしろがったものを、依頼主に渡す。

よく、「ライターとして有名になりたい」という人がいるが、そういう承認欲求を満たしたいのなら、長い文章を書くことは、その労力に対して割が合わない。社会に承認され賞賛されたいなら、**100メートルを10秒以下で走る**、駅前の広場で歌を歌う、YouTuberを目指す、友人と漫才コンビを結成するなど、もっと手っ取り早い近道はいくらでもある。

深夜、暗い部屋で腰の痛みに耐えながらキーボードを打って、自分で書いたものに自分で少し笑う、それが「書く人」の生活である。

だれに書くのか その4

# 何を書いたか
# よりも
# 誰が書いたか

さて、あなたは腰の痛みと眠気に耐えながら1万字の原稿を書いた。自分が興味を持った事象について、自分が抱いた心象を、自分が読んでおもしろいように書ききった。さあ、だれが読んでくれるか。

**だれも読まない**。だれも読まないのである。わたしのように、依頼主がいて、その文章を掲載する場所が最初から用意されていても、だれも読まない。ましてや、自分で開設したインターネット上のスペースにそんな文章を載せても、だれも読まない。なぜか。**あなたは宇多田ヒカルではないから**である。

あなたがたとえば「ローマ帝国1480年の歴史」という事象に興味を持って丹念に資料を調べ、とてつもなくエキサイティングだったという心象を、自分自身で読んでもおもしろいウンチクやギャグをちりばめた文章にしてインターネット上に載せても、十数人から、多くて数千人がたまたま目にして終わるだろう。

だが、たとえば宇多田ヒカルが**美味しかったロースカツ定食840円の話**を書いたら、数百万人が争って読み、さまざまなコメントを山のように寄せ、豚肉の売り上げは跳ね上がるだろう。あなたのローマ帝国1480年はロースカツ定食840円に完敗だ。

よく文章指南の本には、「なにが書いてあるかが大切」という教えが書いてあるが、現実は違う。「だれが書いたか」のほうが、多くの人にとっては重要なのだ。だからこそ、「ターゲット層にバズりたい」

「たくさん読まれたい」「ライターとして有名になりたい」という思い違いを捨て、まず、書いた文章を自分がおもしろいと思えれば幸せだと気がつくべきだ。

それを徹底することで、逆に読まれるチャンスが生まれる。昔読んだ高校野球甲子園大会を報じる新聞に**「無欲の精神で優勝目指す○○農業高校」**というわけのわからない見出しがあったが、その精神で書きたい。

ただし、「わたしはまず宇多田ヒカルのような有名人になって、エッセイを書いて売りたい」という人がいたら、反対しない。それはかなり正しい。

だれに書くのか その5

# 他人の人生を生きてはいけない

だれも読んでないといっても、ネット上に文章を置けば、何人かは読んでくれる。書いたものが評判になれば数万人、数十万人が読んでくれるという可能性も、ないではない。

すると、著者本人や出版社に手紙を出すしかなかった時代と違って、ネット時代は即座に反応が生じる。読んだ人が感想なり賞賛なり、批判なり反論なりのコメントを書いてくるのだ。

なかには「クソリプ」と呼ばれるものも寄せられる。「単におまえの主観だろう」などと書いてくる人もあれば、「つまらないたわ言」と斬って捨てられることもある。

書いた文章を読んで喜ぶのは、まず自分自身であるというのがこの本の主旨だ。満足かどうか、楽しいかどうかは自分が決めればいい。**しかし、評価は他人が決める。**他人がどう思うかは、あなたが決められることではない。

「こいつの考え方は許せない」と言ってくる者もいる。わざわざ「おもしろくない」とけなす奴もいる。世の中には、くそまじめでまるで銀行員のような顔をした銀行員もいるのだ。しかし、参考にはしても、いちいち反論してはいけない。

「この人のギャグはすべっている」と批判してくる者もいる。しかし、**すべるのがスキーだ。**すべることもできない人間は、すべろうともしていないのだ。そんなスキー場の往復の交通費を無駄にするような人間は、相手にする必要がない。

難しいのは、反響には「けなす」だけではなく「ほめる」もある点だ。だが、ほめてくれる人に、「また次もほめられよう」と思って書くと、だんだん自分がおもしろくなくなってくる。いずれにせよ、評価の奴隷になった時点で、書くことがいやになってしまう。

**他人の人生を生きてはいけない。**書くのは自分だ。だれも代わりに書いてくれない。あなたはあなたの人生を生きる。その方法のひとつが、「書く」ということなのだ。

文章術コラム❷

# 履歴書の書き方

## またまともなことを書いてしまった

くどいようだが、この本はハウツー本でもビジネス書でもない。だが、うっかり実用的なことを書いてしまう場合がある。

わたしは広告会社に勤務していた24年間に、数百名にも及ぶ学生の会社訪問や就職活動相談を受けた。退職してからも地方自治体や各種団体の要請でいわゆる「就活セミナー」の講師を務めている。就職活動で重要なのは、まず書類選考に必要な履歴書、最近では「エントリーシート」（ＥＳ）と呼ばれるものの書き方だ。

なので、ここからのコラムは、単に箸休めの読み物のようで、じつは本1冊分の情報量がある。別の本に書けばよかった。最終的にはここだけ切り取って使える。くれぐれもこの本がAmazonの中古1円で売られないように、必要なところを切って残りは紙のリサイクルに出すことが肝心だ。

これさえ読めば学生のあなたも、転職を考えているあなたも、希望の就職先の内定に一歩近づく。

## 就活とはなにか

ここでも定義が大切である。就活とは言うまでもなく就職活動の略であるが、日本では一般に、この言葉は正規雇用を得るための活動という意味で使われる。

正規雇用とは「期間の定めのない労働契約」のことを指す。いわゆる終身雇用というやつである。それを得るための「就活」の最たるものは、教育機関（現実的には日本では大学、短大）を修了した者が横一線で正規雇用を得る「新規一括採用」だ。

この慣行については批判もある。社会のありようは変わっていくものであるし、いまは非正規雇用、つまり派遣労働や短期雇用契約なども増加しているが、ここではその是非を論じることはしない。

終身雇用に関わる問題であるからこそ、「就活」では格式ばった「エントリーシート」での「自己紹介」と、面接における「志望動機」が重視されているのだ。ここではその書き方と考え方について述べたい。

## あなたが伝えることは2つだけ

さて、どのような就活でも、ＥＳを書いて送り、読んでもらったり、そこから進んで面接を受けるわけだが、そのときあなたという人間はなにをしているか。

**なにもしていない**のである。しいて言えば、「**面接を受けている**」**だけ**なんである。これが高校野球の選手なら、試合を見に来てもらい、目の前でホームランを打ってみせたりすればプロ野球の球団に対して就活できる。

だが、あなたはなにもしていない。特にいいところを見せられないあなたは、ESという書類と、面接時のトークだけで就職を勝ち取らなくてはならない。まったくもって「書くだけ、言うだけ」の世界である。よく考えたらすごいことだ。

その就職活動では、2つしか聞かれない。「**おまえはなにをやってきたんだ**」と「**うちに入ってなにができそうなんだ**」、この2つだけだ。これをよく「自己紹介」と「志望動機」と呼ぶが、この言葉が誤解の元だ。それを説明しよう。

## すべての「志望動機」はうそである

先に「志望動機」の変な点について述べよう。よく例に挙がる志望動機の書き方は、

「御社に成長性や将来性を感じ」

というものだ。これがいきなりおかしい。そんなに成長性や将来性を感じるのであれば入社なんかせずに、**株を買ったほうがいい**。1997年にAmazon株10万円分を買っていたら、2019年5月の時点でその10万円がいくらになったか知っているだろうか？　約1億円である。

「特定の企業の志望動機には具体的な根拠が必要で、どれだけ企業研究をしているかが重要です。徹底的に調べて問題点をズバリ指摘すれば、熱意が伝わります」などと教える本もある。

しかし、

「**御社の執行役員の榊原さん**、3期も業績上向いてませんよね。**更迭すべき**

**です。**それと**常務の笹本さん、女性関係が危ないです。**取締役会で退任してもらいましょう」

などと面接でズバリ指摘する学生、どこの会社が欲しいのだろうか。調べすぎだろう。

「その会社でキミがしたいことを言いなさい。夢を語りなさい」という就職指南もよくあるが、そんなにしたいことがあるんなら、だれかに雇われるよりも**自分で会社をつくったほうがいい。**

以上からわかるように、あらゆる志望動機はうそなのである。そもそも、「三井物産に入りたい」「東京海上に入りたい」「ソニーに入りたい」そんなの**わたしだって入りたい。**

みんな結局、**その会社の名前しか知らない**のである。それらの会社に勤めている人でも、自分の会社の仕事を全部知っているわけではない。入ってもいない者になにがわかるというのか。

志望動機は、どうでもいい。うそを言うぐらいなら「名前を知っているから受けに来ました」のほうがよっぽどいい。それよりも、**自分の話をしよう。**採用担当者が聞きたいのはそっちだ。

## 自分をラベリングしてはいけない

志望動機ではなく、自分の話をしなくてはならない。だが次に、自己紹介の誤解について話そう。

典型的な就活の「自己紹介」は、「わたしは○○な人間です」というものだ。

「わたしはスキーのサークルで幹事を務め、30人のまとめ役だったので、リーダーシップがあります」

言いがちだが、これがおかしい。**あなたにリーダーシップがあるかどうか判断するのは他人だ。**あなたではない。

自分がなにをしてきたかを言うのは大切だ。しかし、自分自身にいいタイトルのラベルを貼ったところで、その通りに人が読んでくれるわけがない。そんなのでいいならわたしは「大富豪」「いい人」「指導者の器」などと**顔にマジックで書いて歩く**だろう。

また、「わたしは大学時代、カヌーでアマゾンを縦断し、テニスサークルで関東大会で優勝し、軽音楽部でバンド活動しました」などと、**あれもやった、これもやったと**いう人がいる。

採用の面接担当者は40年、50年生きているのだ。たかだか21、22歳の学生がそんなになにもかもできるわけがないと思うだろう。本当だとしても、いっぺんにたくさん言われたら覚えられない。

いちばん伝えたいことを1つだけ言う。これが正しい自己紹介である。

## エントリーシートはキャッチコピー

では、その自己紹介のためのESはどう書けばいいか。だいたいの就活生は上記のような「経験を通じてリーダーシップを得たわたしは、御社に将来性を感じ」という志望動機と自己紹介をESに書き、ハキハキと喋る面接の練習をしていることだろう。

どっちも最悪である。**相手に訊ねさせる**ことが大事なのだ。

問わず語りは、うっとうしい。ズバッとひとこと言えば相手は訊いてくれる。日常生活でも、「今日ね、朝起きてね、歯ブラシに歯磨き粉がうまく出なくてね、めっちや腹立つんだけど、」などとグダグダ言われるとウンザリする。ところが、部屋に入ってきていきなり「**めっちゃ腹立つわ〜!**」とひとこと叫んで「どうしたの?」と訊いてもらえたらこっちのものだ。訊かれた以上、あなたは堂々と歯磨き粉の話をする権利がある。

その「ズバッとひとこと」こそ「キャッチコピー」なのである。エントリーシートにだらだらなにかを書いてもだれも読まない。採用担当は、字の多いESを読むのに疲れている。

## わたしのESを公開しよう

ちょっと、いったん次のページを見ていただきたい。信じられないかもしれないが、これはわたしが1993年度の就職に向けて、すべての企業に送付したものとほぼ同じである。違うのは、顔写真が現在のなれの果ての姿になっている点だけだ。

| 4．学生時代がんばった活動、それによって身につけた入社後に活かせること |
|---|
| **4トントラックのことならなんでも聞いてください** |

| 5．今までで一番苦労したこと、その対処方法 |
|---|
| **普通自動車運転免許の仮免試験に3回も落ちたのに、<br>その後トラックの運転手になってしまったこと** |

| 6．10年後のビジョン |
|---|
| **社会に適切に振り分けられ、<br>誰かの役に立って報酬を受け取っているでしょう** |

| 7．尊敬する人とその理由 |
|---|
| **父。結婚を6回したので** |

| 8．あなたの座右の銘（キャッチコピーでも可）とその理由 |
|---|
| **私は、ハンカチ主義者です** |

# 株式会社 ○○　新卒入社エントリーシート

| | | |
|---|---|---|
| ふりがな　たなか　ひろのぶ | |  |
| 氏名　**田中 泰延** | | |
| 昭和 44 年 10 月 23 日生（満 23 歳） | 男 | |
| 最終学歴 | | |
| 早稲田大学 第二文学部 | | |

**1．自己PR**

## トラック運転手

**2．志望動機**

## 御社が私を必要としているように感じたので

**3．長所・短所**

## 博覧強記　質実剛健

これを見せると当時を知らない世代から「バブル時代の売り手市場の就職でしょう?」と言われる。とんでもない。1993年度はすっかり**就職氷河期**とよばれる時期に突入していた。

いま見ると「自分のポスター」だ。キャッチコピーが書いてある。

わたしは、相手に訊ねさせることが大事だと考えた。「学生時代キミは何をしてきたんだ」と訊かれたらひと言だけ「ここに書いたように、**トラックの運転手です**。今日は仕事を休んで来てます」しか言わない。すると面接官は「なんだそれは」と食いついてくる。

そこでゆっくり話をする。聞きたいのは先方なのだから慌てる必要はない。『わたしは大学が夜間なものですから、昼間はトラックの運転手が職業です。さて、貨物を満載したトラックの運転というのはですね、足で踏むブレーキでは簡単には停まらない。そこで排気ブレーキの出番です。構造としましては……』と楽しそうに話す。

すると面接担当者は「ほう、なるほど。トラックの運転とはおもしろいものだな。わたしもやってみたいな」などと言い出す。そしてハッと気がつくのだ。「**なんで俺がトラックに乗るんだ。おまえがうちの会社で働け**」。そしたらもう内定だ。

「御社がわたしを必要としている」と書いた志望動機に関しても、ふざけているようだがまったく違う。「募集要項」を発表したのは、その企業のほうだ。わたしはそれを見て応募したのだから、間違っている点はなにもない。

1992年、わたしは電通の就職説明会に行った。200人が1つのホールに入れられ「ここにいる皆さんのうち、弊社の仲間になるのは、確率的にはおひとりか、ゼロでございます」と言われた。集まった学生は爆笑した。その説明会は100回あった。応募者2万人。採用は200人だ。普通のことを普通にしたって眼に止まるわけがない。普通のことを普通に書いて東京大学法学部の学生に勝てるわけがない。

ＥＳで興味を引いて、詳しく話すから面接に呼んでくれ。これがわたしの取った戦術だ。もし、あなたが大学時代、縁日の屋台のアルバイトをしてリンゴアメを記録的な数売りさばいた思い出があったとする。ならば、ＥＳには自己紹介をくどくど書かず、「わたしは**リンゴアメの古田**と呼ばれていました。」と書くのである。

そして案の定、突っ込まれたら、待ってましたとばかりに、どうやってそんなに売り上げを伸ばせたのかを話せばいい。面接担当者は学生が帰ったあと、印象に残った人の話をする。

「リンゴアメの人いたじゃん。これ。古田」

「ああ、リンゴアメの古田。いいね。残しとこうか」

こうして人は次の面接に進むのである。

## プノンペンのジョー理論

このように、いざ面接で詳しく訊かれたときにはしっかり話さなくてはならないのだが、ここで大切なことがある。わたしはこれを【プノンペンのジョー理論】と呼んでいる。

たとえば、ESにあなたはキャッチコピー的に「わたしはアジア貧困問題のエキスパートです。」と書いたとする。狙い通り訊ねられたときにどう答えるか?

「はい、わたしは交換留学生としてカンボジアに行き、その土地の問題と貧困について研究し、国際的な支援の方法について総合的に学びました」。せっかく訊いてもらえたのに、**この答は0点**なのである。

なぜか。それは、具体性がゼロだからだ。キーワードとしては「交換留学生」も「国際的」も「総合的」も、全部不要だ。

人にせっかく訊かれたことは、情景が浮かぶように答えないと、決して覚えてもらえない。

「2017年の4月4日でした。ひどい豪雨の夜で、大きな雷が落ちてプノンペンの街は大規模な停電になったんです。わたしがいたレストランも真っ暗になって、暗闇の中でひと晩過ごしました。そのときにレストランのオーナー、ジョーさんという方が、停電を謝罪しながらも、こう言ったんです。この国にはまだまだ支援が必要なんです、と。そしてわたし、気づいたんです」という風に話す。

まるで目に浮かぶように話をすれば、「ほうほう、それで君がカンボジアで気がついたことは具体的に？」とさらに訊いてもらえる。

これが【プノンペンのジョー理論】だ。わたしはこの理論を何百人もの就活生に伝授している。だが、わたしの同僚が採用面接を担当したとき「田中、今年の面接で

**プノンペンが停電してジョーという人に会いましたって学生が2人いた**けど、あれ、田中の教えた話じゃないか?」と言ってきて爆笑した。

そもそもプノンペンもジョーも、わたしの作り話である。

## 就職活動は試験ではない

わたしの取った戦術を、「あまりにも大胆で、わたしには真似できません」という学生さんもいた。それはそれで仕方がないが、「その作戦で、御社に内定をいただきました」と喜びの報告をしてきて、同じ会社の仲間になった人も何人かいた。わたし自身は1993年、全く同じESを10社に出して、全く同じ話をして、ぜんぜん業種の違う4社から内定をもらった。

1つ言えることは、就職活動は学校や資格の試験ではないということだ。**その証拠に受験料が必要ない**。毎年毎年人材を求めているのは企業のほうだ。就活は、受かる落ちるの選別の場ではなく、単に企業の業務と人材の能力のマッチングの場にすぎない。

大学生である就活生は、とあるひとつの企業とマッチングしなかろうが、べつに失うものがない。日本に法人企業は約170万社あるのだ。日本国憲法第22条第1項では職業選択の自由が定められている。人生でどんな職業を選ぶかを決めるのは、他人ではなく、あなたなのだ。

## 得意不得意を知れば社会があなたを振り分ける

だが、職業を選ぶのは自分であるといっても、向いていない職業を選ぶと不幸になる。たとえばわたしが野球選手になろうとしていたら、それは間違いだ。もし目指していれば大変な人生になっただろう。オフィスワーカーで、中でも広告業界に目を向けたことは正しかった。「広告業界に行きたい」と言う学生さんは多いが、**「行きたいと向いてるは違うから、まずそこを考えよう」**と伝える。

わたしの考えでは、得意不得意を最低限、自分で見極めることさえできれば、あとは自動だ。わたしも、向いていそうな分野を選び、入社面接を経て、入社してからは人事担当が適性を判断して、コピーライターとして就労した。

わたしは特に「コピーライターになりたい」とは思っていなかったのだ。利益を得ようとする企業や社会全体の機能構造が、人間を適切に振り分けるのだ。

人はいずれ、自分がいるべきところに導かれる。でなければ、社会にこんなに多様な職業があって、みんなが納得してそれぞれの職業に就いてない。だから就活生には、最低限向いてる方向を見定めたら、あとは心配しないで、社会の振り分け機能に身を任せてもいいということを知ってもらいたい。

労働には3つの意味があるという。

経済性：収入を得て生計を支える
社会性：役割を担うことで社会に貢献する
個人性：個人の人生の目標や生きがいを充足させる

この3つがうまくバランスしないと、また転職を考えたくなる。社会人になるとリタイアして年金をもらうまでは延々と労働する日々に突入する。悔いのない職種や働きたい会社を、じっくり選んでほしい。

## ESの書き方はあらゆる文章に活かせる

この項のはじめに、就職活動では、2つしか聞かれない。「おまえはなにをやってきたんだ」と「うちに入ってなにができそうなんだ」である、と述べた。就活は学生にとって、〝それまで自分がなにをしてきたか〟と〝これから自分がなにができそうか〟をあらためて考えるチャンスになる。いい機会だと思ってトライしてほしい。

そして自己紹介と志望動機からなるエントリーシート、そして面接で話すことは、思いがけないことに、あなたが書く「随筆」と同じものなのだ。

**いままでの人生で触れた「事象」**がある。それによって**生じた「心象」があなたの現在の立ち位置を決めている**し、将来の理想や願望を決めているはずである。

それを順を追って書けばいいし、言えばいい。しかも、一番大事なことをピックアップして読んだ相手の心に情景が浮かぶように、伝える。そしてそれには、特定の企業のような「ターゲット」など必要ない。相手のためではなく、まず自分が自分を理解するために書くのだ。

全くもって、随筆を書くことと同じなのである。その意識を持ってESを書いた経験は、あなたが文章を書くときに、きっと役立つことだろう。

## 第3章

「つまらない人間」のあなたへ

# どう書くのか

よく、ライター志望だという若い人に質問される。


「田中さん」「なんだ」

「文章を書くにはどうしたらいいですか」

「簡単だ。まずシャーペンを買ってこい」「はい」

「そして夜中の2時に」「2時に」

「そのシャーペンを太ももに刺せ」


この本では一貫して「自分がおもしろいと思えるように書けばいい」と主張している。だが、自分がおもしろいと思えさえすれば、必ず他人もおもしろいのか。そんなわけはない。この章では、眠いときにシャーペンを刺す以外の、文章を書く具体的な方法を述べる。

どう書くのか その1

# つまらない人間とは「自分の内面を語る人」

朝、職場で会うといきなり「寒い寒い。今日は穴の空いてる靴下を履いてるから寒い。でも靴下を買うお金がないんだよな今月」などと言ってくる、そういう人がいるだろう。知らんがな、としか言いようがない。あなたは寒いかもしれないがわたしは暑い。あなたの靴下の穴のことは考えたくないし、お金がないのもわたしの責任ではない。

また、ランチなんか一緒に行くと、急に不機嫌そうに「あたしブロッコリーすっごく嫌い」と告白を始める者もいる。食べなきゃいいではないか。だれも口をこじ開けてブロッコリーを入れたりはしない。

これらの人間に共通する特徴を、できるだけ遠回しにソフトに表現すると、「**つまらない人間**」ということになる。

つまらない人間とはなにか。それは**自分の内面を語る人**である。少しでもおもしろく感じる人というのは、その人の外部にあることを語っているのである。

「寒い寒い」と触れ回る男も、聞き手の共感の範囲ならいいが、しつこいと、(おまえが寒いのはわたしに関係ない)と思われてしまう。ブロッコリーが嫌いな女も、育ってきた環境が違うからセロリは好きなのかもしれないが、基本、どうでもいい。

この人たちは、自分の内面を相手が受け容れてくれると思っている点で、幼児性が強いのである。文章でも往々にしてこのように「わたしはつまらない人間です」と触れて回るようなことが起こる。

少しでも他者とコミュニケートしたいなら、前者は「今日寒いのはラニーニャ現象の反動なんだ」と言えば、「なに？　ラニャ？　なんだって？」と興味を持ってもらえるし、後者は「ブロッコリーのこの嫌な臭いはイソチオシアネートが主成分なんだよね」と言えば、「イソチオ……もう一回言って？」と会話に参加するものが現れる。

随筆とは、結局最後には心象を述べる著述形式だということは述べた。しかしそのためには、事象を提示して興味を持ってもらわなければならない。**事象とは、つねに人間の外部にあるものであり、心象を語るためには事象の強度が不可欠**なのだ。次に述べよう。

どう書くのか その2

# 物書きは「調べる」が9割9分5厘6毛

事象に触れて生じた心象を書く。それが随筆であることは本書で何度も述べている。たとえば絵画、音楽、文学、映画……これらは、随筆を書くにあたって触れる「事象」の一端である。

しかし、日本の教育現場では、一番ダメな方法がまかり通っている。それは、なにかを鑑賞して**「ハイ！　感じたことを書きましょう！」**というやつだ。そう先生に言われて「とてもおもしろかったです」と感想を書く、これが小学生の作文である。

人間が創ったものに触れさせて、湧き上がった感情を書かせることが「豊かな情操教育」だと信じている人間が多すぎるのである。その「湧き上がる感情」とやらは、単なる「内面」の吐露に過ぎず、前項で述べた「**寒い寒い**」「**ブロッコリーだーいきらい**」**と同じ**ものでしかない。

随筆は、それでは形にならない。なぜなら、上記の例でいうと、人間が創造したものにはすべて「文脈がある」からである。

**原型がある。下敷きがある。**
**模倣がある。引用がある。**
**比喩がある。無意識がある。**

それらは、作品を構成している文脈＝ファクトだ。たとえば、物語の構造は類型だらけだ。古代神話、聖書、史実、シェイクスピアの作劇など、物語の基本構造は出し尽くされていると言ってもいい。そのどれかを選んで、21世紀に必要かどうかを問いながら新しさを加えているのが、いまある表現だ。

映画にも必ず下敷きがある。過去の名作へのオマージュもある。特定の映画作家へのリスペクトもある。他の芸術作品や時事問題、歴史的事実を織り込んだ作品もある。それら下敷きになったものとどう関連しているか、どう発展させているかというのを、ちゃんと調べて指し示すと、読む人は「ああ、なるほど」となる。

書くという行為において最も重要なのはファクトである。ライターの仕事はまず「調べる」ことから始める。そして調べた9割を棄て、残った1割を書いた中の1割にやっと「筆者はこう思う」と書く。

つまり、**ライターの考えなど全体の1％以下でよい**し、その**1％以下を伝えるためにあとの99％以上が要る。**「物書きは調べることが9割9分5厘6毛」なのである。

たとえば、テレビ番組で参考になるのは『NHKスペシャル』だ。あの番組では、徹底して調べた事実、そしていままで明らかになっていなかった新事実が提示され、作り手の主義主張を言葉にすることはない。ファクトを並べることで、番組を観た人が考える主体になれる。

**調べたことを並べれば、読む人が主役になれる。**

調べもせずに「文章とは自分の表現をする場だ」と思っている人は、ライターというフィールドでは仕事をすることができない。

いまからでも遅くはない。そういう「わたしの想いを届けたい！」人は、**歩道橋で詩集を売ろう。**

どう書くのか　その3

# 一次資料に当たる

「調べる」とはどういうことか？　どうすればいいのか？

わたしは以前、ライターゼミの講師を務めたとき、「明智光秀について最低4000字書いてください」という課題を生徒に出した。大半の人は、ググってみる、Wikipediaで調べる、YouTubeを見る。この辺で止まっている。

つっこんで調べたつもりの人でもAmazonで数冊、『よくわかる！明智光秀』などというムック本や『明智光秀の謎を解く』などという新書を買って書き始めている。

これでは調べたことにはならない。調べるというところまで至っていない。**ネットの情報は、また聞きのまた聞きが文字になっているる**と思って間違いない。ムックや新書の類も、たとえ専門家が監修していても、「俗にいう明智光秀のエピソード」を強化するためのもので、ほとんど新事実は載ってない。新発見があれば新聞記事になっている。

ならば、どうすればよいか。**一次資料に当たらなければ話にならない**のである。「ここがその話の出所で、行き止まりである」という資料は意外や意外、簡単に見つかる。そして、一次資料まで当たったときに感じることが多いのは、「**だいたいの話は、出所からあやしい**」ということだ。

わたしが生徒に明智光秀についての課題を出したのは、その直前にわたしが滋賀県から依頼され、「石田三成」についてコラムを書いたからである。

**秒速で1億円稼ぐ武将 石田三成**
**～すぐわかる石田三成の生涯～**
https://mitsunari.biwako-visitors.jp/column

依頼から入稿まで2週間の仕事であった。その間、わたしは上記のような簡単に調べられること、Amazonで届くことは2日ほどで終了させ、残りの時間を一次資料に当たることだけを目指し、国立国会図書館に通った。

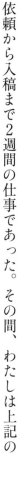

この記事の文末に、次の参考文献一覧を載せている。

● 参考文献

『大日本古文書 家わけ十一ノ二』（東京帝国大学文学部史料編纂所編 1927年版）
『常山紀談』湯浅常山（百華書房 1908年版）
『萩藩閥閲録』（山口県文書館編 1986年版）
『日本戦史 関原役』参謀本部編（元真社 1893年版）
『武功雑記』松浦鎮信（1903年版）
『武将感状記』熊沢淡庵（三教書院 1935年版）
『明良洪範』真田増誉（国書刊行会 1912年版）
『邦文日本外史』頼山陽（真之友社 1937年版）

『武功夜話』吉田蒼生雄（訳注）（新人物往来社　1987年版）
『近世日本国民史』徳富蘇峰（講談社学術文庫　1981年版）
『武将列伝　戦国終末篇』海音寺潮五郎（文藝春秋新社　1963年）
『関ヶ原』司馬遼太郎（新潮社　1966年）
『石田三成』童門冬二（学陽書房　2007年）
『悲劇の智将　石田三成』（宝島社　2009年）
『戦国武将シリーズ　謀反なり！石田三成』（GPミュージアムソフト　2011年）
『新装版　三成伝説』オンライン三成会編（サンライズ出版　2012年）
『義に生きたもう一人の武将　石田三成』三池純正（宮帯出版社　2014年）
『関ヶ原合戦の真実　脚色された天下分け目の戦い』白峰旬（宮帯出版社　2015年）
『戦国人物伝　石田三成』すぎたとおる他（ポプラ社　2010年）

これだけ調べた上で思ったことは、「一次資料といっても意外なほど真偽不明のことが書いてある」「とりたてて新発見はない」だ。しかし、行き止まりまで調べた事実があって、やっと自分が読んでおもしろいと思える文章を書く基礎ができた。

読んでいただければわかるが、滋賀県という公的機関のwebサイトに、わたしの、ただひたすら自分が読みたい1万数千字が並んでいる。どこから読んでも、バカバカしいコラムだ。

だが、このコラムは当初の予想をはるかに上回るアクセス数を得て、2018年度の東京コピーライターズクラブ審査会で票が投じられ、年鑑にも1万数千字全文が掲載される運びとなった。日本広告コピー史上最長の「コピー」ではないだろうか。

評価を受けた背景には、**「好きなことを書いていても、この書き手は一次資料に立脚している」**という理由があったのだと思う。

言葉とは、文字通り「葉」である。好きなことを好きに書いた葉を繁らせるためには、「根」が生えていなければならない。それが一次資料である。

どう書くのか　その4

# どこで調べるか

ググる、Ｗｉｋｉる、新書やムック本を買う、では調べたことにならないと書いた。

ならば、どうやって調べるのか、具体的な方法を述べる。本書の中で唯一役に立つ部分だ。最終的には、ここだけ切り取っておくと荷物にならなくて良い。くれぐれもこの本がAmazonの中古1円で売られないように、必要なところを切ったら、残りは紙のリサイクルに出すことが肝心だ。

どうやって調べるか、秘伝中の秘伝だが、ここで書いてしまおう。それは**「図書館を利用する」**である。ああ、書いてしまった。

ネットの情報がいかにいい加減なものであるかはすでに述べた。資料の質、数、調べやすさ、人的サポート、費用負担の少なさ、どれをとっても現状で図書館に勝るものはない。

## 公共図書館

まずは都道府県立、市立などの公共図書館である。公共図書館のメリットはなんといっても「近くにある」ことである。そして多くの場合、ここが重要なのだが「開架式」で、自由に背表紙を眺め、本を手にとってパラパラと眺め、自分の席に積み上げることができる。貸し出しが可能な図書も多い。

開架のいいところは、なんとなく自分が知りたいことに関連ありそうな本を片っ端から見られる点だ。思わぬ発見に出会う、それも開架の魅力である。大阪府民のわたしがよく利用する公共図書館は、次の4箇所だ。

- **東京都立中央図書館**（港区南麻布5―7―13）
- **大阪府立中央図書館**（東大阪市荒本北1―2―1）
- **大阪府立中之島図書館**（大阪市北区中之島1―2―10）
- **大阪市立中央図書館**（大阪市西区北堀江4―3―2）

しかし、開架式だと、いまは読むべきでない、おもしろそうな本まで読んでしまうのが困った点である。

## 司書に相談する

図書館にどんなに所蔵が多くても、朝から晩まで書棚をうろうろしていたら1日が終わってしまう場合も多い。何かについて調べ始めたばかりのとき、我々はその分野の素人である。**そこで「司書」の出番だ。**図書館法に基づいた資格を取得した専門家が、図書館に勤務しているのだ。

わたしたちが本を探すとき、司書に「資料相談」をすることが一番の近道である。この相談を「レファレンス質問」という。最初から目当ての本があれば、相談するまでもなく蔵書を検索すればいい。そうでない場合は、司書に「どんな目的で、どんな資料を探しているか」

を相談するのだ。逆に司書はこちらの目的を推し量って、どの程度のものが必要かを質問してくれる。

漠然とした図書捜索に輪郭を与えるこれらのやりとりを、司書は**「レファレンス・インタビュー」と呼び、この技量こそが司書ひとりひとりの能力**である。こちらの意図に合わせて蔵書を当たってくれるし、ここにない本でも、別の図書館にあるということを教えてくれる場合がある。

「調べる」という作業において、司書ほど頼りになる人はいない。

## 国公立大学図書館

公共の図書館に所蔵されていない専門的な資料に関しては、司書から大学の図書館を紹介されることがある。**国公立であれば、一般の利用者でも閲覧が可能な大学は多い。**

たとえば東京大学本郷キャンパスの東京大学附属図書館総合図書館であれば、氏名・現住所の記載がある身分証を提示すれば入構できる。ただし、大学図書館は多くの場合、開架の部分と閉架の部分があり、事前に目的の資料が所蔵されているかどうかを検索して確認し、図書名を告げる必要がある。事前予約が必要な場合もあり、確認してから行こう。

## 国立国会図書館

国立国会図書館は、図書館の中の図書館、図書館の親玉である。日本で発行されたすべての出版物が義務的に納入される「納本制度」に基づき、**どんな刊行物でもある、はず**、の場所である。はず、と書いたのは「納本制度」があるからといって、絶対に全部の出版物があるわけではないからだ。発行者が進んで届けない限り、ないものはない。

しかし、2017年度の統計によれば図書1115万冊、雑誌・新聞1805万点、図書形態以外のマイクロフィルムや地図、楽譜、映像資料など1197万点と圧倒的な所蔵を誇る。

当然、これらをすべて本棚に並べるわけにはいかず、基本的に閉架式である。複写も、申し込んでコピーをとってもらう方式だ。

なので、国立国会図書館では、基本的に**「名指し」で資料を探す段階まで「調べる」が至ったとき、また、さまざまな二次資料のおおもとになった一次資料のエビデンス（証拠）の複写を入手するため**に利用する。

だが、足繁く通わなくても、国立国会図書館はｗｅｂサイトがこれまた図書館として日本一充実している。

ホームページは「オンライン」「サーチ」「デジタルコレクション」のコーナーに分かれ、とりわけ有用なのがデジタルコレクションだ。そこではかなりの点数の図書の全ページがデータ化されており、自由に閲覧できる。語句のＯＣＲ化も進んでおり、いざ本チャンの資料の複写を取りに行く前に、ページまで指定ができてしまうのだ。

・**国立国会図書館**（千代田区永田町1―10―1）
http://www.ndl.go.jp

また、京都には第二の国立国会図書館ともいえる関西館がある。こちらは開架の部分も多く、閲覧スペースも広く取られ、利用しやすい施設となっている。

・**国立国会図書館関西館**（京都府相楽郡精華町精華台8―1―3）

さらには現在、国立国会図書館、国立公文書館などの所蔵資料のデータベースを連結したポータルサイト「ジャパンサーチ」の整備が進められている。「ネットで調べるのは意味がない」というのは、こうしたサイト以外の、個人のブログや、メディアの記事についてである。エビデンスとなるものは、活用しよう。

・**ジャパンサーチ**

https://jpsearch.go.jp

## 私設専門図書館

最後に、私設だが、専門的な分野では他の追随を許さない図書館もあることも記しておく。

たとえば、公益財団法人大宅壮一文庫、通称「**大宅文庫**」は、雑誌の図書館である。大宅文庫は、ジャーナリスト・作家の大宅壮一の死後、膨大な雑誌のコレクションを基礎として作られた専門図書館だ。2019年4月現在で、雑誌約1万2000種類80万冊、書籍約7万冊が収められている。近現代以降で調べたい時代の世相を知りたい、当時の生のマスコミの意見を拾いたい、などというときにはここを利用する。ただし、入館料500円がかかるし、利用できるデータベースも有料である。

こちらも、広大な雑誌の海をただやみくもに漁っても、必要な資料は簡単には得られない。そこで、キーワード検索ができるWeb OYA-bunkoを利用しよう。キーワードで関連する雑誌の特集がピンポイントでヒットする独自の索引が、大宅文庫の命だ。

- **公益財団法人大宅壮一文庫**（東京都世田谷区八幡山3―10―20）
- **Web OYA-bunko**
  http://www.oya-bunko.or.jp

以上、図書館で調べることについて述べたが、もちろん「調べる」

には情報の保持者に「**会う**」「**話を聞く**」という方法もある。

その場合でも、結局「裏を取る」段階で図書館が必要になるし、インタビューの技術についてはまた1冊の本になるほどなので、機会を改め、続編である『**読みたいことを、書けばいい。episodeV帝国の逆襲**』が刊行された暁には、詳しく解説したいと思う。

どう書くのか　その5

# 巨人の肩に乗る

「無人島の大発見」という話がある。

船が難破し、5歳の子どもが親や他の乗客と生き別れ、板切れに掴まり、無人島にたった一人で漂着した。彼は食料を探し、洞窟で暮らし、孤独の中で15年生き延びた。

そうして20歳のとき、奇跡的にも通りかかった船に救助されるのだが、そのとき、彼は人々にこう言った。

「みんな、きいて！　だいはっけんしたんだ。貝がらを並べて、ひとつ置いたり、ひとつ減らしたりすると、いろんなものの数をあらわすことができるんだ！」

これが有名な「無人島の大発見」という故事だ。**というか、いま、わたしが作った。**この少年は、遭難せず小学校に入学できていたら、最初の1週間で足し算と引き算を教えてもらえる。それは人類が積み上げてきた知識の初歩だからだ。しかし、全くゼロからだと、このような悲劇が起こってしまう。

ちまたにあふれるネット上の文章には、これが実に多い。そんなこと、先人がさんざん考察して大昔に語り尽くしとるわ、というようなことを、自分の頭で考えようとして、得意げに結論をぶちかますような随筆だらけである。

インターネット上では、恋愛に関する人間模様や、それに対するオピニオンを書いて多くのページビューを得る若いライターは多い。交際してみたらこうとか、同棲してみたらこう思ったとか、結婚してみたらこう思ったとか、別れてみたらこう思ったとか。

**それ、夏目漱石が、百何十年も前にほとんどやっている。**

漱石は封建時代だった日本に突如、海外から個人主義とか自由恋愛という概念が入ってきて、それぞれが急に「自我ってなんだ?」「恋愛ってなんだ?」ということを意識せざるを得なくなって、明治の何十年かで考えたことを、大量に文字にした。

大学に入りたてで初めての恋愛感情に戸惑う『三四郎』から、もはや人が信じられなくなって、うそをついて他人の行動を試してしまう『それから』や『こゝろ』に至るまで、直截《ちょくせつ》的な性描写こそないものの、そこにはいまと変わらない恋愛の諸相がある。大正、昭和と日本の文学者たちは、漱石がいきなり偉大すぎたので、なんとかその先を書こうと挑戦し続けてきたのだ。

若いライターや小説家は、百何十年前の漱石があんなに書いているのだから、その先を書かないと、いまさら書く意味がない。

**「巨人の肩に乗る」**という言葉がある。こっちはわたしが捏造したものではない。12世紀のフランスの哲学者、ベルナールの言葉だ。

歴史の中で人類がやってきたことの積み重ねが巨人みたいなものだから、我々はその肩の上に乗って物事を見渡さない限り、進歩は望めない、という意味だ。いちから地面に立っていては、遭難した少年と同じになってしまう。

「巨人の肩の上」は、アイザック・ニュートンが1676年にロバート・フックに宛てた書簡で、ベルナールの言葉を引用したことで有名になった。

「わたしがかなたを見渡せたのだとしたら、それはひとえに巨人の肩の上に乗っていたからです」

ニュートンとフックの逸話は、科学者が「巨人の肩」に乗る話だが、たとえば音楽家でもバッハ、モーツァルト、ベートーヴェン、ブラームス、マーラーと、**すべて過去を引用しながらちょっとずつ新しくなっている。**彼らは、「巨人の肩」に乗って、自らも後世の人々に「巨人」のひとりとして数えられるようになったのである。

たとえば映画の話だったら、なぜおもしろいのかというのを、巨人の肩の視点で見渡せば、評論がかたちになっていく。「小津安二郎が70年前にこの手法を発明したが、それを発展させている」とか、「このカメラアングルは黒澤明にすごく似ているが、さらにひと工夫ある」などと俯瞰していくのだ。

前の項で述べた「図書館」で「一次資料」に当たれという話は、ひとえに「巨人の肩に乗る」ためである。

巨人の肩に乗る、というのは「**ここまでは議論の余地がありませんね。ここから先の話をしますけど**」という姿勢なのだ。

どう書くのか　その6

# 感動が中心になければ書く意味がない

映画を観た、コンサートへ行った、おいしいものを食べた。この素晴らしさをまず自分で文章にしてみたい。よかったらみんなも読んでほしい。

こういう衝動があるときはいい。しかし、仕事としてなにかの依頼を受けたり、課題を与えられたりした場合、つまらなく感じた映画やおいしくなかった料理についても、書かなければならない。

対象に対して愛がないまま書く。これは辛い。だが、一次資料には「愛するチャンス」が隠れている。お題を与えられたら、調べる過程で**「どこかを愛する」という作業**をしないといけない。それができないと辛いままだ。

対象を「愛する」方法には2つある。

**A：資料を当たっていくうちに「ここは愛せる」というポイントが見つかる**

**B：ざっと見て「ここが愛せそうだ」と思ったポイントの資料を掘る。自論を強化するために良い材料をそろえる**

たとえば映画ならば、「あのシーンの意味は？」となったとき、「シェイクスピアのセリフを引用しているな。この監督はシェイクスピアが大好きなのだろう」とか「子どもの頃から、この脚本家は聖書のこの一節を聞かされて育ったんだな」とわかると、徐々に愛が生まれてくる。

映画は、何百人、何千人が心を1つにして作る。最低の評価を受ける映画でも、良いところはある。また、その映画自体は最後までおもしろく感じられなくても、関わった人間のだれかのパーソナリティは愛せるかもしれない。

**「わたしが愛した部分を、全力で伝える」**という気持ちで書く必要があるのだ。愛するポイントさえ見つけられれば、お題は映画でも牛乳でもチクワでも良く、それをそのまま伝えれば記事になる。

それでも愛が生じなかったら、最後のチャンスとして、どこがどうつまらなかったか、なにがわからなかったか、なぜおもしろくなかったかを書くしかない。

**「つまらない」「わからない」ことも感動のひとつ**で、深掘りしていくと見えてくる世界があり、正しい意味で文章を「批評」として機能させることができるはずだ。

その場合でも、けなすこと、おとしめること、ダメ出しに情熱を傾けてはいけない。**文章を書くとき絶対に失ってはいけないのが「敬意」**だ。

事象に触れて生じる心象が随筆だと繰り返し述べてきた。その事象は常にあなたの外部にある。自分の外にある「外部」の存在に敬意を払わなければ、あなたもあなたの外部から敬意を払われない。

調べることは、愛することだ。**自分の感動を探り、根拠を明らかにし、感動に根を張り、枝を生やすために、調べる。**

愛と敬意。これが文章の中心にあれば、あなたが書くものには意味がある。

どう書くのか　その7

# 思考の過程を披露する

いまさら言うまでもないが、この本はビジネス書ではない。だいたい、わたしはビジネス書なるものが世界で一番嫌いだ。「ハーバード流スタンフォード術」……全くわけがわからない。「なぜ出世する人は上司になるのか」……当たり前だろう。そもそも、嫌いだからタイトルもうろ覚えだし、そんな本はなかったような気もする。

ビジネス本はなにかの「役に立つ」ことを主眼に出版されている。だが、「役に立つ」ことは恐ろしいことなのである。ためしに、台所にとても役に立つスポンジと、ちっとも役に立たない石ころを置いてみよう。3か月後、ボロボロになるのはどちらだろうか。**「役に立つ」ということは、身を滅ぼす結果を招く**のである。

だいたい、1500円くらいで買ったビジネス書が人生を根本から変えて、めきめきとスタンフォードできたり、みるみるうちにハーバードするなら苦労しない。そういった本には、妙に結論めいたことがズバッと書いてあったりするのだろう。

たいてい、著者はなにかの成功者で、金銭的な成功事例を根拠として書いているわけだから、そのズバっとした結論に、金銭が好きな人は金銭が手に入るような気がして喜ぶのである。しかし、そのような場合、本を買って読んだ貧しい人に金銭が入るのではなく、書いた富豪にさらに金銭が入ることを忘れてはならない。忘れるわけがない。わたしも金銭が好きだからだ。

とはいえ、ズバっとした結論に至るまでに、ビジネス書の著者はビジネスの世界で長い思考と実践を経ているから説得力があるのだ。**結論の重さは過程に支えられる。**これこそ、文章が持つ力の根源でもある。

自分のために書く文章も、あくまで自分のために書くといいながら、ビジネスマンが金銭を手に入れる過程と同じように段階を踏まなくては、最終的に得た結論の重さを提示することができない。

事象に出会う。感動したり、疑問に思うなどの心象を抱く。そこから仮説を立てる。調べに行く。証拠を並べる。考える。その時点での結論を出す。

わたしはだれかに依頼されてしか書かない。そして、引き受けたことを必ず後悔する。映画を観ても、音楽を聴いても、あまりのわからなさに泣き叫ぶ時間がある。困る。そして締め切り前夜まで1行も書けない。最後に開き直って、わからないけど調べてみて感じたこと、どこか愛せるようになったこと、その過程を書く。

順を追って考え、順を追って書き記していくことが自分自身の理解への道のりそのものであり、結果として人の気持ちを動かす文章となる。その**「思考の過程に相手が共感してくれるかどうか」が、長い文章を書く意味**である。

いきなりズバっと結論を提示しても、なんの共感もされない。「メロンは、イースター島である」とだけ書かれてもだれにもわけがわからないからだ。しかしメロンを食べたという事象を起点に、**風が吹いたら桶屋が儲かるまでを順番に書けば**、書くあなたも読む人もイースター島までたどり着くことができる。

しかし注意点もある。それは「編集」だ。

思考の過程を披露するといっても、ダラダラと何もかも書けば良いわけではない。わたしは文章講座の講師を務めたときなど、必ず生徒さんに質問する。「きのう一日、あなたはなにをしましたか？」

ほとんどの人は「朝起きて、近所のコンビニでパンを買って、会社に行って、夜は同僚と居酒屋に行きました」などと順を追いながら話す。しかしそこでは重要なことが行われている。わたしはそれを聞いて「**それが、編集**ということですよ」と指摘する。

「朝起きて、近所のコンビニに行った」とは答えるが、だれも「朝起きて、トイレに行き、水を流し、歯ブラシにチューブから歯磨き粉をつけ、歯を磨いて、うがいをして、パジャマを脱ぎ、靴下を選んで……」とは答えない。

もっと質問を続けて、「では、去年の8月にはなにをしましたか？」と尋ねると、「えーと……、ディズニーシーに行きました！」と答えが返ってくる。

そう、**自分が最も心を動かされた部分だけをピックアップして、あとは切り捨てる「編集」**をするのは、自然なことだ。

人には、訊かれたならば、これだけは伝えようと思う話がある。たくさんある情報の中で、「伝えたい」ものを拾いあげてトピックにすること。そして伝えたい部分にたどり着くために、必要な手順を踏んで、過程を示す。それが長い文章を書く意味なのだ。

うまく書けたもよく書けたもない。ただ「**過不足がない**」と自分で思えたとき、それは他人が読んでも理解できるものになるのだ。

どう書くのか　その8

# 「起承転結」でいい

さて、この「どう書くのか」の章も最後である。わたしがこの章で述べたことを要約すると、こうなる。

**事象に出会ったとき、そのことについてしっかり調べて、愛と敬意の心象を抱けたならば、過程も含め、自分に向けて書けばいい。**

要約すれば4行だった。4行で済ませばよかった。文章術講座などでも、これからはこの4行だけしゃべって、あとは恵比寿の「ひいらぎ」のたい焼きと四谷の「わかば」のたい焼きはどちらが好きかという話を2時間して帰ろう。

だがしかし、たい焼きの話を終えて気分良く帰ろうとするわたしに必ず投げかけられる質問がある。それは、**「たい焼きの話はもういいです。具体的にはどうやって書けばいいのですか」**である。

「もういいです」とはなんだ。わたしは麻布十番の「浪花屋総本店」のたい焼きの話もしたかったのに我慢したのだ。どう書くもなにも、**書く形式は起承転結でいい。**

よく「型通り書いてはいけない」という本がある。起承転結でなくていい、などという本だ。わたしに言わせると、とんでもない。起承転結ができない人が多すぎて、そこから訓練しないと話にならない。

たとえば140文字しかないツイッターでも、わたしはいつも起承転結を意識している。書く訓練になるからだ。あるときは、こんなツイートをした。

わたしは広告代理店勤務時代、「台湾」表記問題には何度も面倒な思いをした。ウッカリ「中華民国」と書きでもしたら大変なことになる。台湾も北アイルランドも北方領土も地球儀上のダブルスタンダードだ。実に面倒くさいが、このダブルスタンダードをどう乗り越えるかが21世紀の課題だろう。

なんで急にこんな偉そうなことを書きたかったのか、いまではさっぱりわからないが、構造的にはこうなる。

**起：実際の経験だという前置き**
**承：具体的になにがあったか**
**転：その意味はなにか。テーゼ化**
**結：感想と提言。ちょっとだけ**

つまり、起承転結とは、

**①　発見**
**②　帰納**
**③　演繹**

というコード進行で記述されるのである。新聞の一面の下に載っているコラムはだいたいこのパターンだ。たとえば、こうだ。

## ④ 詠嘆

① わたしの目の前にはたい焼きがある。たい焼きは、すべて同じ形をしている。同じ型にはめられ、次から次へと焼かれるからだ。

② それは国民をすべて同じような兵士として育て上げ、次から次へと戦地へ送る国家の姿勢と似てはいないだろうか。

③ 日本と近隣国との緊張が高まるいま、このような同じ型に人間を当てはめ、送り出す行為。それは危険な道へと続く。

④ ああ、軍靴の音が聞こえてくる。

なぜこんな新聞を毎日読む人がいるのか、だれか教えてほしい。とにかく最後に「軍靴の音が聞こえてくる」と締めくくれば新聞のコラムは完成なのである。コード進行はこうだ。

①　今日、Aというものを見た。

②　Aの特徴から考えると、Aの本質はXであろう。

③　と、なると、BにもXは当てはまるしそれどころか現代社会全体の本質はXなのだ。

④　ああ、軍靴の音が聞こえてくる。

これはひどい。軍靴の音が好きすぎるのではないか。しかもこのA

は「たい焼き」でも「YouTuber」でも、最後に軍靴になればなんでもよいのだ。

ともかく重要なことは、**「事象に触れて論理展開し心象を述べる」という随筆に、起承転結ほど効率よく使えるコード進行はない**ということだ。

ためしに、他のコード進行である「序→破→急」を見てみよう。

序：目の前にたい焼きがある。麻布十番の浪花屋総本店のものだ。

そのことを書こうと思った矢先、電話が鳴った。

破：用事ができたので、出かけることにした。

人生には思いがけないことが起こる。きょう、私はそれを学んだ。

急：ああ、軍靴の音が聞こえてくる。

あまりにも急だ。急すぎる。ここまで急な話も聞いたことがない。しかも破の部分も、これでは「破綻」の破であろう。

また、「起→結」というひどいものもある。こんな感じである。

起：私の目の前にはたいやきがある。だいたい、たい焼きというのはなぜ鯛の形なのか。なぜ粒あんとこしあんがあるのか。どうして頭から食べる人と尻尾から食べる人がいるのか。しばらく考えてみる。

結……。考えたがわからなかった。

世の中には考えてもわからないことというものがある。

だが軍靴の足音はそこまで迫っているのだ。

これはひどい。ひどすぎる。ふざけているわけではない。実際に、こんな調子の文章を書いている人というのは、たくさんいるのだ。

本書を読んだ人は、このような悪文に陥ることなく、基本の起承転結を身につけて、軍靴のことばかり考えず、存分にたい焼きへの愛を語ってほしい。

## 文章術コラム❸

# 書くために読むといい本

### 本棚をさらすのは恥ずかしいが

文章を書くのに、本を1冊も読んだことがない人はいないと思う。いたら、それはそれですごい。わたしは、本に囲まれて暮らしていた父親の影響で、本屋さんと図書館が大好きな人間として育った。

ではどんな本を読んで、印象に残っているか。本棚をさらすのはとても恥ずかしいのだが、講談社の雑誌『週刊現代』でインタビューを受け、愛読書を答える機会があった。

・**元電通の青年失業家を暴走させた「人生を変える10冊」**
https://gendai.ismedia.jp/articles/-/53274

ここで答えたものと重なるものもあるが、今回は、あくまでわたしが文章を書くにあたって考えるヒントになった本を挙げてみたい。

## 文章を書くのに文章術の本を読んではいけない

わたしは、なにかの役に立つだろうと思って本を読んだことは一度もない。これからもそうだろう。本を読むことは、なにかのためにすることではない。ただ、読むために読む。であるから、ビジネス書とか、自己啓発本というものが苦手である。というか読んだことがない。

世に出回る文章術の本は、実用書のようにみえるが、そういった本を読めば文章が上達するというものでもない。手紙のマナーや報告書の書き方ならともかく、**小説や随筆を書く技術に促成栽培はなく、それなりに時間がかかる**ものだ。ただし、優れた文章術の本は、それ自体がおもしろい読み物になっていることが多い。

いずれにせよ自分が書く文章の傾向、文体、というものは当然ながらいままで読んできた本に影響される。よく文章術の本に「好きな本の好きな文章を書き写すと上達する」と書かれているが、わたしはそんな大変なことを一度もやったことがない。

広告会社に入社してコピーライターとして配属されたとき、先輩に、「コピーライターになる修行だ。ここに**あいうえお、かきくけこ**って五十音を書き続けな」と言われてドサっと原稿用紙を置かれた。真面目なわたしは、これは**映画『ベスト・キッド』**で主人公が恩師・ミヤギ老人に「車のワックスがけをしなさい」と言われて続けていると筋肉がついたような、そんな修行だろうと考えて一生懸命やっていたら、同僚がやってきて、「田中、**お前がされてることはイジメ**だぞ」と教えてくれた。勉強になった。

## わたしはこんな本を読んできた

では、はなはだ簡単にではあるが、文章を書くのに役に立つか立たないかは知らないがおもしろかった本を羅列してみる。このコラムのタイトルをもう一度見てほしい。**「書くために役立つ本」ではなく、「書くために読むといい本」**である。効能のほどは不明だ。本は、よさそうと思えば読んでみればいいだけなので、くどくどと書評じみたことはせず、紹介するに留めようと思う。

### 『ジャン・クリストフ』　ロマン・ロラン

まぁ、長い。10年以上前、200人ほどの合唱団に入り、ベートーヴェンの「第九」を歌ったとき、指揮者の齊藤一郎さんが『ジャン・クリストフ』を読まないとベートーヴェンはわからない、と言ったので読んでみた。

主人公はベートーヴェンがモデルになっているといわれる音楽家である。とはいえ、のちの時代、別の場所での物語で、ベートーヴェンは何度も物語にその名が出てくる。信念とは？ 芸術とは？ 成熟とは？ という**巨大なテーマが、大長編でなければ語れない分量で**描かれている。日本語訳は、豊島与志雄と新庄嘉章の両方があり、翻訳された時代も違うので、その味わいの差もおもしろい。

世に大長編と呼ばれる作品はいくつもある。ドストエフスキー『カラマーゾフの兄弟』、トルストイ『戦争と平和』、デュマ『モンテ・クリスト伯』、そして紫式部『源氏物語』などなど。どれか一度は読んで、大長編とはどんなものかどっぷり浸かってみるのは悪くないと思う。疲れるけど。

## 『神曲』 ダンテ・アリギエーリ

これも長い。しかも、詩なのか、小説なのか、なんなのか。神話のようでSFのようで、悲劇のようでコメディのようで、とにかく、人間の想像力というものを知りたかったらこれを読むといいと思う。

また、ありとあらゆる引用と下敷きにあふれており、ギリシア神話、ローマ神話、アリストテレス、聖書、天文学、物語でありながら事典のようでもある。調べることにおいてもダンテは一流である。

わたしには何人か小説家の知人がいるが、彼らに話を聞くと、一様に**「小説家は頭の中で見えるものを書く」**と言う。随筆の「見知ったこと（事象）を考えて（心象）書く」というのとは根本的に違う脳の働きだ。彼らの頭の中では映画のようなものが上映され、それを文字に起こしているのだ。

わたしは、高校生のときにこの『神曲』を読み、「ああ、頭の中で見えるものを書く人とわたしでは、**脳の構造が違う**」と悟った。

## 『資本論』 カール・マルクス

はじめに断っておくが、**わたしは共産主義者でも左翼でもない**。しかしこの本は単純におもしろい。これまた長い。長すぎるのだが、同じマルクスが、言いたいことだけを短くメッセージした『共産主義者宣言』(『共産党宣言』)にくらべると、冷静な社会観察だけではなく、わけのわからないたとえ話が飛び出す点がおもしろいのだ。突然出てくるシェイクスピアの登場人物、「マダム・クイックリー」の話など、**「このたとえ話、要るか?」**と突っ込みたくなる話が盛り込まれている。しかしそれにより、この長い長い経済学の古典は、読み物として成立している。

内容に関しては、世界経済がその通りになったという恐るべき予言の部分もあり、いまとなっては現状とそぐわない部分もありだ。だが、その仮説とその分析とその語り口が、世界の歴史を大きく動かした事実を踏まえて読むと興味深い。

## 『プロテスタンティズムの倫理と資本主義の精神』マックス・ヴェーバー

略して**『プロ倫』**。泣く子も黙る社会学の古典である。話としては上記の資本論よりさかのぼって、そもそもなぜ資本主義が生まれ育ったのか、そのメカニズムを語ろうとする本である。

カルヴァンやルターの「禁欲的な」プロテスタントの信仰が、結果として、近代資本主義を誕生させたという論が、これまた「調べまくる」という基礎の上で展開されるのだが、その**話の進め方がなかなかに強引**で、だがしかし納得させせられてしまう、そこがおもしろい。わたしはこの本で、調べることで相手を納得させてしまうという手法を学べたと思う。

## 『坂の上の雲』 司馬遼太郎

また長い。しかしあっという間に読めてしまう。よその国の話でもないし、翻訳本でもないというのは大きい。

司馬遼太郎の歴史小説は、随筆なのか小説なのかちょっとわからないところがあるのがその魅力である。歴史上の人物に、まるで見てきたような会話をさせたと思ったら、その筆で**「ところで筆者は思うのだが」**と急に出てくる。砲弾飛び交う戦場を活写している最中に**「余談ではあるが」**と挟んでくる。

いずれにせよ、とにかく「調べること」の極みのような作家だった。司馬遼太郎が古書街に行くと、トラックいっぱい資料を買うので、古書街全体がしばらく仕入れのために休みになると言われた。わたしなど、司馬遼太郎の本で読んでないものがもうないことが人生の悲しみである。

## 『美人論』 井上章一

井上章一の文章は、ねちっこい。たぶん**日本で一番ねちっこい**文体を駆使する人ではないかと思う。

彼は建築史の学者なのだが、畑違いの話に学者としての方法論で挑むことが持ち味だ。その仮説の立て方、資料の揃え方、そして展開の仕方が、ねちっこくてスリリングなのである。

この本は女性の美醜について語る本ではない。「世間がどんな女性のどんな概念に対して美人というレッテルを貼ったか」「その美人はどう扱われてきたかの歴史」の研究だが、読者は読み進むうちに「あれっ?」という倒置の中に立つことになる。

この手法そのままに、国家によって「精神がおかしい人は無罪」という判決が下されるようになったのはなぜかを推理する**『狂気と王権』**では、さらにスリリングな思考実験が展開されている。

## 『ローマ人の物語』塩野七生

本書でわたしは、「あなたが調べていくら書いても、宇多田ヒカルのトンカツの話に勝てない」と述べたが、この大著は、**ここまで調べたら宇多田ヒカルと勝負**

**できる**んだよ、ということがわかる本である。

しかし長いですわ。

## 『輝ける闇』『ベトナム戦記』開高健

この2冊は、不思議な本である。両方とも、作家・開高健が特派員としてベトナム戦争の最前線に赴いたときに生まれたものだ。

『輝ける闇』は小説で、『ベトナム戦記』はルポルタージュだ。しかし、不思議なことに、両方を読んでみると、小説のはずの『輝ける闇』のほうがどこかルポルタージュ的で、ルポルタージュの『ベトナム戦記』のほうがどこか小説的なのだ。

**開高健は、広告コピーライター、ルポ・随筆を書くライター、そして小説家**と3つの立ち位置を横断して生きた作家である。ライターを志す人は、彼が書いたものの立ち位置をそれぞれ検証することで、無数の気づきがあることだろう。

**『中島らもエッセイ・コレクション』 中島らも**

中島らものエッセイは多数出版されているが、全部読んでみるとおもしろいのは、**「同じことを何回も書いている」**「おいしいネタは何度でも使う」点である。

だが、分解してみると、中島らものエッセイは、事象に触れて心象を述べるという随筆のコード進行の基本に忠実であることがわかる。

しかし、意外なほど端正な中島らもの筆運びは、最終的には**かならず抒情にたどりつく**。文章における魂とはなにかということが、読めば、わかるのである。

**『狂気の沙汰も金次第』 筒井康隆**

すぐれた小説家がすぐれたエッセイストであるケースは無数だ。しかし、すぐれたエッセイストがすぐれた小説家であるケースは、稀である。

上位互換のようでさびしい現実だが、はじめから随筆やエッセイを主戦場に定めた「ライター」を志す者は、そのことを知っておかなければならない。

このすぐれた小説家が1970年代に夕刊紙に連載したエッセイは、なんと毎日更新であった。それにしてこの内容の濃さ。事象に触れて持ち出してくるクリエーティブ・ジャンプともいえる**仮説の飛距離**、そして毎回さらっと述べられる心象の、意外なヒューマニズム。読んでおいて損はないと思う。

## 本を読むことはあらゆる文章に活かせる

なんだか、めちゃくちゃ当たり前の見出しで申し訳ない。本を読むのは、書くのに活かせる、当たり前だ。第3章の「巨人の肩に乗る」という項でも述べたが、「これぐらいは読んどきましょうよ」、という本は、読んでも得することしかない。

そもそも、**何十年、何百年、千年、という歴史を生き抜いている古典は、重版出来なんてレベルじゃなくおもしろい**から、今日も印刷されているのだ。

本を読むことを、すぐ使える実用的な知識を得るという意味に矮小化してはいけない。本を読むことを、その文章や文体を学ぶということに限定してはいけない。本という高密度な情報の集積こそ、あなたが人生で出会う事象の最たるものであり、あなたが心象をいだくべき対象である。

なにより、あなたが読書で感じた体験を、感動を、いつの日か、あなた自身が書くことでだれかに与えられる可能性がある。だからこそ、人間は書くのである。

# 第4章

生き方を変えたいあなたへ

# なぜ書くのか

## この章こそ他の本にはないところである

と、書き出してみたが、よく考えるとどの章も他の本にはなかった。もし他の本にわたしの書いた文章が載っていたなら、それは印刷ミスである。さておき、本書は文章術のテクニックを教えようと思って書いたのではないことは何度も述べた。それだけ何度も述べて1冊の本にしたかったぐらいである。しかし本章ではそれよりもっと大切なこと、「それでも人間はなぜ書くのか」「書いたらなにが起こるのか」について話したいと思う。

なぜ書くのか　その1

# 書くことは世界を狭くすることだ

事象に触れる。心象が生まれる。あなたは、なにかを書きたくなる。だれかに読んでもらいたくなる。

それは、とても世界を広げるような気がしないか。なにもなかったところに、新しいものを生み出す素晴らしさがあるような気がしないだろうか。

ところが、それはかなりトンチキな思い違いだ。コンチキ号はノルウェーの人類学者トール・ヘイエルダールが作った筏の船だが、いまこの話には関係ない。

書くことは、世界を狭くすることなのだ。

たとえば、あなたはある思い出について書き始めようとする。旅行したときのことだとしよう。あなたは原稿用紙に書き出す。

「それは、8月だった。尾道の夜のことだった。」

真っ白な原稿用紙は大宇宙の全てを含んでいて、茫漠とした大海原だったのに、こう書き出すだけであなたの世界は削られてしまった。

地球儀をぐるりと回して、日本という小さな列島を見つけ出し、それでも北は北海道から南は沖縄まであるのに、瀬戸内海の小さな街をピンポイントで語ることになる。

12か月ある1年のうち、8月に限った話になるし、夜と書いてしまった以上、午後6時から午前3時くらいまでの9時間の間に起こったこと以外は書きづらい。

尾道の話と自分で言ったくせに「それは、8月だった。尾道の夜のことだった。**ジンバブエの通貨に関して述べたい。**」と続けたら、それはばかである。

第2章99ページでわたしは、『女の冬の風呂上がりのビール』という商品名は愚かだと指摘したが、それと同じことを自分でやり始めるのが、「叙述する」ということなのである。

書けば書くほど、その人の世界は狭くなっていく。この人はひょっとして物理学に詳しいのかと他人から勘違いされていたとしても、いろいろ書いているうちに、どうやら違うということも判明してしまう。

しかし、恐れることはない。なぜなら、書くのはまず、自分のためだからだ。あなたが触れた事象は、あなただけが知っている。あなたが抱いた心象は、あなただけが憶えている。

あなたは世界のどこかに、小さな穴を掘るように、小さな旗を立てるように、書けばいい。すると、だれかがいつか、そこを通る。

書くことは世界を狭くすることだ。しかし、その小さななにかが、あくまで結果として、あなたの世界を広くしてくれる。

なぜ書くのか その2

# 貨幣と言語は同じもの

「貨幣と言語は同じものだ」

これもよくわたしが文章講座の生徒に伝えることなのだが、ポッカーンという顔をされてしまう。

とくに資本主義の発達後、マルクス、ソシュール、今村仁司、岩井克人とさまざまな思想家がその相似性を指摘してきた。つまり、人類がコミュニケーションの道具として発展させてきた2つのもの、「おかね」と「ことば」は、じつは機能が同じだという発見である。

平凡社の『世界大百科事典』第2版で、「貨幣」の定義を引いてみよう。

**貨幣とは、通常次の三つの機能を果たすものと定義される。**
**すなわち、**
**(1) 決済手段（支払手段）としての機能**
**(2) 価値尺度としての機能**
**(3) 価値貯蔵手段としての機能**
**である。**

これを読めば、まさに貨幣と言語の機能は同じだということがわかる。そのまま置き換えてみよう。

**言語とは、通常次の三つの機能を果たすものと定義される。**
**すなわち、**

## (1) 決済手段（支払手段）としての機能

つまり言葉はなにとでも交換できる。言葉で言い表わすことで、存在するものに具体的な価値を与え、だれとでも交換できる。貨幣における為替のように、他系統の使用単位とも「翻訳」ができる。

## (2) 価値尺度としての機能

つまり言葉は価値を保証されている。社会の中で共通の道具として流通している以上、ひとつの単語の価値は相互に担保されている。また、貨幣経済において商品の価値は、買い手がその商品と引き換えにどれだけの犠牲（お金）を払おうとするかで決まる。言語においても、価値が高い言葉や文章に対しては、買い手は犠牲（お金）を払って聞いたり読んだりする。

## (3) 価値貯蔵手段としての機能

つまり言葉は貯めておくことができる。歴史上の記録も、個人の記憶も残すことができ、しまっておける。たまたま見かけた情景も、そのとき湧いた感情も、思想を述べるための論理構成も、政治に影響を与えるための演説も、すべて「持っておいて、使いたいときに使える」のである。

これら3つの特徴をみると、言葉をうまく使って人心を掌握する人と、お金をうまく使ってお金持ちになる人、両者はツールとしての使い方がそっくりであることがわかる。

大切なことは、**経済も、言葉も、ゼロサムゲームではない**ということだ。先ほど「価値を手に入れたいとき、人は犠牲を払う」と書いたが、等価で交換できると踏むから、経済では「おかね」を払い、コミュニケーションのやり取りでは、相手も役立てることができる「ことば」を相手に返すことになる。

言葉とは、相手の利益になる使い方をすれば、相手の持ち物も増え、自分の持ち物も増える道具なのだ。**書いたら減るのではない。増えるのである。**

そのことを忘れずに書き、流通させ、交換させられれば、書き手はさらに価値のある言葉を手に入れることになるだろう。

なぜ書くのか その3

# 書くことはたった一人のベンチャー起業

個人的な体験の話だが、わたしは1988年、大学1年生のときに、学生だけで起業した会社に参加した。そこには30余名の大学生がいて、それぞれが「将来、上場企業のオーナーになる」という誓いを立てていた。

その集団の話は、ネット上でいろんな人が書いている。わたしはその集団の本気度についていけず、大学卒業時、広告代理店のサラリーマンになってしまった。しかし30年が過ぎてみると、実際にその集団は十数名の東証一部上場企業の社長を輩出する結果となった。

DeNA、GMO、ザッパラス、KLab、パーソルキャリア、北の達人コーポレーション……これら東証一部上場企業を創りあげていった仲間たちに共通することは「**金持ちになりたいのではない。自分の正しさを証明したいのだ**」ということであった。

思いついたビジネスが、本当に社会の役に立つか？

それはいままでになかったサービスか？

彼らはベンチャー起業家としてありとあらゆる試行錯誤を重ねていった。その結果、彼らの思いつきは、世の中のためになり、お金が集まるようになったのだ。彼らとわたしは、いまもしょっちゅう集まって飲む仲間である。ちなみに、その集まりに電車とバスを乗り継いで駆けつけ、終電を気にするのは無職のわたしだけである。

ライターになりたい人は、もっと起業家の話を聞いたほうがいい。彼らのように成功した人でも、10個目の商売でやっと成功したとか、成功するまで5つ会社をつぶしたとか、勝負をかけたはずの商品が全然売れなかったとかを経て、いまの商売が当たったという人が多い。ライターも同じように、書いてみても、ほぼ駄目なことだらけだ。

自分がまずおもしろがれるものであること。これは、ビジネスアイデアでも文章を書くことでも全く同じだ。それが世の中に公開された時点で、**あくまで結果として、社会の役に立つか、いままでになかったものかがジャッジされる。**自分の正しさが証明されるかどうかだ。

そして、経営者となった彼らも、日々、新たなビジネスアイデアを模索している。ライターを目指す人も、なにかを書いて、1個ウケたから、そのシリーズを永久に続ければ、60歳まで毎月書けば月収30万あるとか、そんなことは絶対にない。そもそも、ネット時代は、書きたい人が多くて、読みたい人が少ないので、文章でお金を取れる人はごく一部になってしまう。

だが、文章を書いて人に見せるたびに、「それは誰かの役に立つか？ いままでになかったものか？」と考え抜けば、**価値のある意見には、必ず値段がつく。**

「どうして価値のある意見をタダで書いてるんですか。値段がつくんですよ！　私が売ります。あなたが1割、会社が9割取りますけど」という人が現れ、わたしはいまこうして本を書いている。印税がもうちょっと上がるとうれしい。

書くことはたった一人のベンチャー起業だ。

わたしは、なかなかにいい給料が振り込まれていた電通という会社を、なんの保証もなく辞めて50代を迎える。それは自分がおもしろがれることが、結果として誰かの役に立つ、それを証明したいからなのだ。

なぜ書くのか その4

# 文字がそこへ連れてゆく

序章でわたしは、なぜサラリーマンを辞職して、書くことで生活するようになったかを述べた。序章なのでかなり前だ。忘れた人は**この本をもう1冊買って**読むと、最初のほうに書いてある。

「1行でもいいですよ」と依頼された映画評の連載を、どういうわけかいきなり7000文字書いて送った瞬間に、すべてが変わってしまったのだ。

わたしは24年間、広告のコピーライターをしていたが、長い文章など書いたことがない。広告というのは、キャッチコピーが15文字くらい、ボディコピーと呼ばれる商品の説明が200文字くらいなものだ。しかも広告の文章というのは、徹頭徹尾「言われて書く」ものである。

その自分が1行でいいと言われたのに徹夜でキーボードを叩き、生まれて初めて頭の中を文字にしたら、いきなり7000字なのだ。そしてそれは、だれかに読ませたいから書いたのではなく、ただ、「**自分が読みたかったから**」**という衝動**にもとづいていた。

好きで始めたことなのに、長い文章を書くのはほんとうに苦しい。腰は痛いし、とにかく眠い。途中で必ず「なぜこんなことをしているのかわからない」という気持ちが湧き上がる。自分が読んで喜ぶのは勝手だが、おれがなにを書いても読むやつなどだれもいないだろう。

だが、しかし、それを何度も積み重ねていくうちに、わたしは思いもしなかった場所に立つことになる。書いたものを読んだだれかが、予想もしなかったどこかへ、わたしを呼び寄せてくれるようになったのだ。

「あなたの書いた文章を読んで、会ってみようと思いました」という人から連絡があり、京都駅に立ったとき。「あなたの書くものがおもしろかったので、酒をおごる」と招かれて、気が付いたら九州にいたとき。「あなたが書かれた内容が興味深かったので、大勢の前で話をしてください」と呼ばれて静岡の『さわやか』という店のハンバーグを食べているとき。「あなたに、ぜひこれについて書いていただきたい」と頼まれて東北へ行き、会津磐梯山を見上げた瞬間。「田中さん、本を1冊書いてください。出版したいのです」と言われて待ち合わせしているとき。

そんなとき、わたしは、**「文字がここへ連れて来た」**と思う。

悪い言葉を発すると、悪い言葉は必ず自分を悪いところへ連れてゆく。良い言葉を発すると、良い言葉は必ず自分を良いところへ連れてゆく。わたしはそのことを知った。

ふだん、ただしゃべって過ごす時間は、のんべんだらりと道を歩いているようなものだ。そこから少しでも景色を変えるために、ここではないどこかへ行くために、わたしは、辛くても、山を登るように文字を書く。

登山は、道の終わりから始まるのだ。

なぜ書くのか　その5

# 書くことは生き方の問題である

結論から言う。書く人間はモテない。自分を表現したいなら、ミュージシャンか俳優でも目指したほうがいい。それらの人は、容姿を人に晒す。コンサートがある。舞台がある。映画やテレビがある。

文字を書く人には、ライブがない。書いている間は、だれとも会わない。談笑しながら書く人はいない。なんという気色悪い日陰の職業だろうかと自分でも思う。しかも、とても疲れる仕事だ。生活は不規則になり、腰は痛くなり、常に眠く、締切に追われる。

書かなければ、あなたは企業の経営者にも、オリンピックのマラソン選手にも、宇宙飛行士にもなれるチャンスもある。書くということは、ほぼそれらを捨てることだ。選ぶということだ。

だれかが言った。書くことは**人間最後の職業**だと。死刑囚だって獄中で原稿を書いて本を出す。

人間はだれしも孤独だ。書くことは孤独と向き合うための「手なぐさみ」なのかもしれない。孤独の本質とは、ひとりであるということだ。なぜひとりで生まれ、なぜひとりで死ななくてはならないか、だれも答えられない。だがその孤独の中でしか知り得ないことがある。

その人の純粋なところ、美しいところ、正しいところ、優しいところ、そして寂しいところというのは、その人と会って向かい合っているときではなく、離れたあと、ひとりのときにふと思い起こされ、伝わり、感じるものである。
我々が人間への尊敬や愛情や共感を心に刻むのは、実に相互の孤独の中においてである。書くこと、そして読むことは、その相互の孤独を知り、世界への尊敬や愛情や共感をただ一回の人生で自分のものにすることなのだ。

自分が読みたくて、自分のために調べる。それを書き記すことが人生をおもしろくしてくれるし、自分の思い込みから解放してくれる。何も知らずに生まれてきた中で、わかる、学ぶということ以上の幸せなんてないと、わたしは思う。

自分のために書いたものが、だれかの目に触れて、その人とつながる。孤独な人生の中で、誰かとめぐりあうこと以上の奇跡なんてないとわたしは思う。

書くことは、生き方の問題である。

自分のために、書けばいい。読みたいことを、書けばいい。

付録2

# 田中泰延について書かれた記事5選＋おまけ

書くことで出会いが生まれ、対話が生まれる。そしてその対話の中からさらに、書くことそのものへの気づきが生まれる。

これらの記事や対談は、「文字がここへ連れてきた」結果の出会いであり、また自分がこれから何を書いていくか考えるための道標でもある。

**① 田中泰延×糸井重里　40代からのドロップアウト**

http://www.1101.com/juku/hiroba/3rd/tanaka-302/

「ほぼ日刊イトイ新聞」で開催された、たくさんの人たちが一斉に同じ課題に取り組み発表する「ほぼ日の塾」。36名の方が糸井重里さんとわたしの対談を文字に起こし、まとめてくれたものが並んでいる。

同じ2時間の会話なのに、ひとりひとりピックアップするポイントが違うのが興味深い。そのなかでも、阿部光平さんが構成してくださったこちらには、わたしがこの本を書くヒントになった糸井重里さんのお言葉や、会話のやり取りが採り上げられている。糸井さんと阿部さんに最大の感謝を申し上げたい。

## ② 書くについての公開雑談

http://www.1101.com/koneta_talk/index.html

糸井重里さんが、ネット上で見つけた「書く人」に声をかけて公開対談を開催した記録。そのとき召集された小説家の燃え殻さん、浅生鴨さん、ライター／編集者である永田泰大さん、古賀史健さん、そしてわたしの5人組は、以後なにかにつけて共に旅をし、連載を持ったり、同人雑誌を作ったりの活動が続いている。

「書く人」の生活は基本的に孤独である。お互いに「君は毎日ちゃんと書いているか?」と叱咤し合う仲間は貴重だ。

### ③ 優秀なライターが持っているもの

https://www.machikado-creative.jp/planning/41527/

映画評を書くきっかけをくださった「街角のクリエイティブ」編集長・西島知宏さんとは、「ライターとして書く」方法論や意味について対談を重ね、それぞれが記事になっている。

その延長で西島さんが主催する「明日のライターゼミ」講師を務めさせてもらって

いるが、生徒さんの中からプロのライターとしてデビューする人が何名も生まれている。非常に喜ばしいが、仕事を取っていかれてしまうので腹が立つ。しかし、微力ながら講師の仕事を通じて「書くことで人生が変わる」事実を伝えていきたい。

## ④「元大学生ベンチャー」の仲間達【リョーマ×SYN30周年イベントレポ】

http://takanoridayo.blog.shinobi.jp/Entry/532/

本書に何度か出てくる学生時代、わたしがトラック運転手になる前に一員であった学生起業家集団について、人気ブログ『インターネット界隈の事を調べるお』の運営者である大柴貴紀さんが取材された記事。彼ら起業家たちが絶え間なく事業を興すように、わたしは絶え間なくなにかを書いていこうと思う。

## ⑤ 仕事のやりがいって、ホントに存在するの？

https://ten-navi.com/dybe/1829/

「インタビューを受ける」という機会も増えてきた。２年半前まで会社員だったのに、そんなインタビューのどこに需要があるのか、自分でも信じられない。この対話では、取材・構成してくださった末吉陽子さんがお話上手で、ものすごくいらんことばかり言わされている。

## おまけ① トークを止めるな！

https://agaru.tv/movie/cd169f7d9e6036158f5bf3255cba38e0/

変わったところで、こちらは動画である。映画『カメラを止めるな！』の上田慎一郎監督と２０１８年12月に対談した2時間番組。上田監督がいままで影響を受けた映画ラインナップのお話がすごく楽しいので、ぜひ。わたしはトークイベント出演や講演の依頼を受けることが多いのだが、ご覧いただければわかるように、そのときでも必ず書くときと同じだけ、「調べる」「書いたものを用意する」を基本に置いている。

## おまけ② 田中泰延 Wikipedia

https://ja.wikipedia.org/?curid=3751675

知らないだれかの手による自分のWikipediaの項目。これこそ自分について書かれたものの究極であろう。ローリング・ストーンズのミック・ジャガーがあるインタビューで「自伝は書かないのですか?」と訊かれたところ、「Wikipediaを読んでくれ」と答えていた。自己紹介のいらない人間になると便利だ。

しかし、だれが作ったんだろ。

# おわりに　いつ書くのか。どこで書くのか。

## 5W1Hとよく言うが

本書は、

第1章　なにを書くのか＝WHAT
第2章　だれに書くのか＝WHO
第3章　どう書くのか　＝HOW
第4章　なぜ書くのか　＝WHY

という、いわゆる5W1Hの原則に基づいて書かれた。はずである。はずであるが、すっかり忘れていた。いま自分も目次までさかのぼってみたらそう書いてあったので驚いているところだ。

この本は、そういう原理原則に基づいているようだが、実はあんまり機能していないという奥ゆかしさがある。仕方なく書くが、5W1Hの原則で残りの2つは、WHENとWHEREということになる。

そんなものは決まっている。
あなたは、いま、そこで、書くのだ。

人生は寂しい。そして、人生の寂しさとは、だれかが何かをしている寂しさだ。友がみな我より偉く見ゆる日の寂しさ。世界が自分を置き去りにしていると感じる寂しさ。

それならば、自分が世界を置き去りにすればいい。だれもまだ知らない景色を、知らない言葉を、見つければよいのだ。その一瞬だけは、世界の寂しさに勝てる。

あなたが書いたものは、あなた自身が読むとき、たった1日だけ、あなたを孤独から救ってくれる。自分は、なにかに触れた。心が動いた。そのことを過不足なく、なんとか、書けた。自分の寂しい世界を一瞬、追い越した。何度も読み返す。しかし、何度読んでも文字列は変わらない。そしたら、また書くときだ。

## するか、しないかの分かれ道で

わたしが何度も見返す映像に、映画評論家・荻昌弘の『ロッキー』の解説がある。1983年、「月曜ロードショー」で『ロッキー』がテレビ放映されたときのものだ。YouTubeなどにアップされているので見つけてほしい。

荻昌弘は評論家としてしっかり調べた上で、この映画に関わったすべての人間が、挑戦し、栄光をつかんだ過程を語る。荻さんは言う。

## 「これは、人生、するか、しないかというその分かれ道で〝する〟というほうを選んだ、勇気ある人々の物語です」

わたしも、どんなにつまらないと言われる雑文であろうと、お金にならなかろうと、自分のために文字を書き続けたいと思う。それでも眠くて眠くてソファに横になってしまった夜、私の耳にどこからかレフリーの声が聞こえてくる。私はカウント8で立ち上がり、もう一度キーボードに向かう。少なくともわたしは人生、するか、しないか、その分かれ道で〝する〟というほうを選んだ。

人生なんかパッと変わる

わたしは、ある時期、2年間ほど、小説家の田辺聖子さんの自宅へ通って話を伺ったことがあった。べつにわたしは小説を書きたくて文章修行させてもらおうとしたわけではない。なぜか飲み友達として選ばれ、雑談を聞かせてもらうというだけの関わりだったが、聖子先生はいつもこう言った。

**「書けば、人生なんか、ある日、パッと変わるんや」**

その言葉を聞いても、それからも怏々《おうおう》として楽しまずサラリーマンをしていたわたしに急に、西島知宏さんという人が「映画評論を書いてみませんか」と訪ねてきた。糸井重里さんが、それを読んである日「会いませんか」と京都へ招いてくれた。今野良介さんという編集者が狂ったようなメールを寄越し、「書籍を出しませんか」と声をかけてくれた。

いまのところ、べつに金持ちにも有名人にもなれないが、わたしの人生はパッと変わった。書いて生きる毎日は、苦しいが、楽しい。

## きっとわたしがあなたの話を聞きたくなる

わたしのこの本を読んで、事象に触れたら調べてみよう、そして生じた心象について自分も書いてみよう、と思った人がいたら、まずは自分が読んでおもしろいと思えるものを書いてみてほしい。自分が何度も読んで、過不足なく、なにかが書けたと思ったら、ぜひどこかに発表してほしい。いまは、ネット上に自分の文章を載せるスペースは無限にある。

わたしはあなたの書いたものを読んで、おもしろがってみたい。感想を述べてみたい。寂しい人生を別々にだが、どこかで一緒に歩いている仲間としてつながってみたい。

あと、この本をだれかに勧めてほしい。ひとりで10冊買ってだれかにあげるのもいい。１００冊他人に買わせれば「親」になって利益が出るシステムを構築してファミレスで勉強会をする用意も、わたしにはある。

## 同じ話は何度してもいい

本書は、いままでツイッターなどで、わたしが気がつくままに述べてきたことや、対談、ライター講座の授業などの中から、必要だと思われることをピックアップして説明を加えた部分が多い。とりわけ、糸井重里さんとの対話をライターの阿部光平さんがまとめてくれた『40代からのドロップアウト』の中からは大きな気づきがあった。

なので、いままでどこかで述べたことと同じ話をしているように感じる人もいるかもしれないが、同じ話は何回してもいい。

アントニオ猪木は、アメリカへ行ったとき、航空会社にスーツケースをロストされてしまったそうだ。仕方なく1か月間同じジャケットを着てアメリカを回ったが、会う人会う人に「そのジャケット、似合ってますね」と言われ、「同じ服でいいのだ」と気がつき、日本へ戻ると服を大量に処分した、という話がある。

だから、同じ話は何度書いてもいい。本書もシリーズ化するつもりは満々で、**『読みたいことを、書けばいい。episodeV 帝国の逆襲』『読みたいことを、書けばいい。第14章 フレディVS ジェイソン』『読みたいことを、書けばいい。パート43 最後の聖戦』**まですべて内容は同じである。全部買えば1冊プレゼントする企画も用意するつもりだ。全部そろえると姫路城が完成するという同梱物についても考えている。

## あなたはゴリラではない

この本の最初に、「あなたはゴリラか？　まず人間になることを考えよう」という進路チャートを紹介したが、寡聞にして随筆を書くゴリラにはまだ出会っていない。

「わたしはゴリラか？」と書く者は、どう考えてもゴリラではない。書くことで、あなたは人間として生きられるのだ。人間は人間であるために、せめて自分を嫌いにならないために書くのだ。自分はゴリラかもしれないと、悩まないために書くのだ。

まずは自分だけが読者なのだから、恐れることはなにもない。もしひとりだけでも、読んで感想をくれる人がいたとしたら、自分のために書いたはずなのに、あくまで結果として、その人のために書いたことになる。

この本で繰り返し述べている「事象に触れて生まれる心象」。それを書くことは、まず自分と、もしかして、誰かの心を救う。人間は、書くことで、わたしとあなたの間にある風景を発見するのである。

書くきっかけをくれた西島さん、糸井さん、今野さん、古賀さん、永田泰大さん、浅生鴨さん、燃え殻さん、藤井亮さん、岡部将彦さん、マキシマムザ亮君、田中健太郎さん、加藤順彦さん、鈴木創介さん、太田秀樹さん、加藤有美さん、熊坂仁美さん、まだまだ書ききれないが、何が書けるかわからないわたしに原稿を依頼してくださったみなさん、それを読んでくださったみなさん、感想をくださったみなさん、コーディネーターのマイケル、スタイリストのジェシー、ピッツバーグの両親、他一名、他一名って名前書くスペースあるだろう。あれものすごく気になるわ。そしてなにより、本書をここまでお読みくださったあなたに心から感謝を申しあげたい。ありが

## おわりのおわりに　あとがきのあとがき

と、気持ちよく謝辞を並べようとしたところで、編集の今野良介さんから、本書を根本から覆すようなメールが届いた。

内容は、「**この本は当初、ビジネス書として企画したので、文章術と題している以上、もっと文章を簡単に上手に書く方法が述べられていないといけないのではないか**」というものだった。

なるほど。具体的にはっきり書く必要がある。以下に余すところなく述べたい。

たくさんの人に読んでもらえ、ｗｅｂ上やＳＮＳでバズり、内容が効率よく人に届き、とてもおもしろく、わかりやすい文章を簡単に書く方法。それは短くいうと、こうだ。

そんな物は
ない

出典：横山光輝『三国志』18巻147頁（潮出版社）

［著者］
**田中泰延**（たなか・ひろのぶ）
1969年大阪生まれ。早稲田大学第二文学部卒。学生時代に6000冊の本を乱読。1993年株式会社 電通入社。24年間コピーライター・CMプランナーとして活動。
2016年に退職、「青年失業家」を自称しフリーランスとしてインターネット上で執筆活動を開始。webサイト『街角のクリエイティブ』に連載する映画評「田中泰延のエンタメ新党」「ひろのぶ雑記」が累計330万PVの人気コラムになる。その他、奈良県・滋賀県・福島県など地方自治体と提携したPRコラム、写真メディア『SEIN』連載記事を執筆。映画・文学・音楽・美術・写真・就職など硬軟幅広いテーマの文章で読者の熱狂的な支持を得る。「明日のライターゼミ」講師。本書が初の著書。

Twitter：@hironobutnk

読みたいことを、書けばいい。
――人生が変わるシンプルな文章術

2019年６月12日　第１刷発行
2019年９月12日　第５刷発行

著　者――田中泰延
発行所――ダイヤモンド社
〒150-8409　東京都渋谷区神宮前6-12-17
http://www.diamond.co.jp/
電話／03･5778･7232（編集）　03･5778･7240（販売）

ブックデザイン―杉山健太郎
本文DTP ――一企画
校正―――加藤義廣（小柳商店）・officeあんだんて
製作進行――ダイヤモンド・グラフィック社
印刷―――信毎書籍印刷（本文）・加藤文明社（カバー）
製本―――加藤製本
編集担当――今野良介


ISBN 978-4-478-10722-5

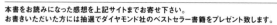